JN440860

清涼國師華嚴經疏鈔

청량국사화엄경소초 41

십행품 ②

청량징관 찬술 · 관허수진 현토역주

운주사

서언

천이백 년 침묵의 역사를 깨고

오늘도 나는 여전히 거제만을 바라본다.

겹겹이 조종하는 산들

산자락 사이 실가닥 저잣길을 지나 낙동강의 시린 눈빛

그 너머 미동도 없는 평온의 물결 저 거제만을 바라본다.

십오 년 전 그날 아침을 그리며 말이다.

나는 2006년 1월 10일 은해사 운부암을 다녀왔다.

그리고 그날 밤 열한 시 대적광전에서 평소에 꿈꾸어 왔던『청량국사 화엄경소초』완역의 무장무애를 지심으로 발원하고 번역에 착수하였다.

나의 가냘픈 지혜와 미약한 지견으로 부처님의 비단과도 같은 화장세계에 청량국사의 화려하게 수놓은 소초의 꽃을 피워내는 긴 여정을 시작한 것이다.

화엄은 바다였고 수미산이었다.

그 바다에는 부처님의 용이 살고 있었고

그 산에는 부처님의 코끼리가 노닐고 있었다.

예쁘게 단장한 청량국사 소초의 꽃잎에는 부처님의 생명이 태동하고 있었고,

겁외의 연꽃 밭에는 영원히 지지 않는 일승의 꽃이 향기를 뿜어내고

있었다.

그 바다 그 산 그리고 그 꽃밭에서 10년 7개월(구체적으로는 2006년 1월 10일부터 2016년 8월 1일까지) 동안 자유롭게 노닐었다.

때로는 산 넘고 강 건너 협곡을 지나고

때로는 은하수 별빛 따라 오작교도 다니었다.

삼경 오경의 그 영롱한 밤

숨쉬기조차 미안한 고요의 숭고함

그 시공은 영원한 나의 역경의 놀이터였다.

애시당초 이 작업은 세계 인문학의 자존심

내가 살아 숨쉬는 이 나라 대한민국 그리고 불교의 자존심에 기인한 것이다.

일찍이 그 누가 이 청량국사의 『화엄경소초』를 완역하였다면 나는 이 작업을 하지 않았을 것이다.

지금도 여전히 완역자는 없다.

더욱이 이 『청량국사화엄경소초』의 유일한 안내자 인악스님의 『잡화기』와 연담스님의 『유망기』도 그 누가 번역한 사실이 없다.

그러나 내 손안에 있는 두 분의 『사기』는 모두 다 번역하여 주석으로 정리하였다.

이 청량국사 화엄경의 소는 초를 판독하지 않으면 알 수가 없다.

그래서 그 이름을 구체적으로 대방광불화엄경수소연의초大方廣佛華嚴經隨疏演義鈔라 한 것이다.

즉 대방광불화엄경의 소문을 따라 그 뜻을 강연한 초안의 글이라는 것이다.
청량국사는 『화엄경』의 소문을 4년(혹은 5년) 쓰시되 2년차부터는 소문과 초문을 함께 써서 완성하시고 5년차부터 8년 동안 초문을 쓰셨다.
따라서 그 소문의 양은 초문에 비하면 겨우 삼분의 일에 지나지 않는다 할 것이다.

나는 1976년 해인사 강원에서 처음 『청량국사화엄경소초 현담』 여덟 권을 독파하였고,
1981년부터 3년간 금산사 화엄학림에서 『청량국사화엄경소초』를 독파하였다.
그때 이미 현토와 역주까지 최초 번역의 도면을 완성하였고,
당시에 아쉽게 독파하지 못한 십정품에서 입법계품까지의 소초는 1984년 이후 수선 안거시절 해제 때마다 독파하여 모두 정리하였다.

그러나 번역의 기연이 맞지 않아 미루다가 해인사 강주시절 잠시 번역에 착수하였으나 역시 기연이 맞지 않아 미루었다.
그리고 드디어 2006년 1월 10일 번역에 착수하여 2016년 8월 1일 십만 매 원고로 완역 탈고하고, 2020년 봄날 시공을 초월한 사상 초유 『청량국사화엄경소초』가 1,200년 침묵의 역사를 깨고 이 세상에 처음 눈을 뜨게 된 것이다.

번역의 순서는 먼저 입법계품의 소초, 다음에는 세주묘엄품 소초에서 이세간품 소초까지, 마지막으로 소초 현담을 번역하였다.
번역의 형식은 직역으로 한 글자도 빠뜨리지 않고 번역하였다.
따라서 어색하게 느껴지는 곳도 있을 것이다.
예를 들면 소所 자를 "바"라 하고, 지之 자를 지시대명사로 "이것, 저것"이라 하고, 이而 자를 "그러나"로 번역한 등이 그렇다.
판본은 징광사로부터 태동한 영각사본을 뿌리로 하였고, 대만에서 나온 본과 인악스님의 『잡화기』와 연담스님의 『유망기』와 또 다른 사기 『잡화부』(잡화부는 검자권부터 광자권까지 8권만 있다)를 대조하여 번역하였다.

앞에서 이미 말한 것처럼, 그 누가 청량국사의 『화엄경소초』를 완역한 적이 있었다면 나는 이 번역에 착수하지 않았을 것이다.
지금까지 이 황금보옥黃金寶玉의 『청량국사화엄경소초』가 번역되지 아니한 것은 나에게 주어진 시대적 사명이고 역사적 명령이라 생각한다.
나는 이 『청량국사화엄경소초』의 완역으로 불조의 은혜를 갚고 청량국사와 은사이신 문성노사 그리고 나를 낳아준 부모의 은혜를 일분 갚는다 여길 것이다.

끝으로 이 『청량국사화엄경소초』가 1,200년의 시간을 지나 이 세상에 눈뜨기까지 나와 인연한 모든 사람들 그리고 영산거사 가족과 김시열 거사님께 원력의 보살이라 찬언讚言하며, 나의 미약한 번역으로 선지자의 안목을 의심케 할까 염려한다.

마지막 희망이 있다면 이 『청량국사화엄경소초』의 완역 출판으로 청량국사에 대한 더욱 깊고 넓은 연구와 『화엄경』에 대한 더욱 다양한 연구가 이루어지기를 바라는 것뿐이다.

장세토록 구안자의 자비와 질책을 기다리며 고개 들어 다시 저 멀리 거제만을 바라본다.

여전히 변함없는 저 거제만을.

2016년 8월 1일 절필시에 게송을 그리며

長廣大說無一字 장광대설무일자
無碍眞理亦無義 무애진리역무의
能所兩詮雙忘時 능소양전쌍망시
劫外一經常放光 겁외일경상방광

화엄경의 장대한 광장설에는 한 글자도 없고
화엄경의 걸림없는 진리에는 또한 한 뜻도 없다.
능전의 문자와 소전의 뜻을 함께 잊은 때에
시공을 초월한 경전 하나 영원히 광명을 놓누나.

불기 2567년 음력 1월 10일 최초 완역장

승학산 해인정사 관허 수진

● 화엄경소초현담華嚴經疏鈔玄談(1~8)

● 화엄경소초華嚴經疏鈔

1. 세주묘엄품世主妙嚴品
2. 여래현상품如來現相品
3. 보현삼매품普賢三昧品
4. 세계성취품世界成就品
5. 화장세계품華藏世界品
6. 비로자나품毘盧遮那品
7. 여래명호품如來名號品
8. 사성제품四聖諦品
9. 광명각품光明覺品
10. 보살문명품菩薩問明品
11. 정행품淨行品
12. 현수품賢首品
13. 승수미산정품昇須彌山頂品
14. 수미정상게찬품須彌頂上偈讚品
15. 십주품十住品
16. 범행품梵行品
17. 초발심공덕품初發心功德品
18. 명법품明法品

영인본 6책 陽字卷

대방광불화엄경수소연의초 제이십권
大方廣佛華嚴經隨疏演義鈔 第二十卷

우진국 삼장사문 실차난타 번역

청량산 대화엄사 사문 징관 찬술

대한민국 조계종 사문 수진 현토역주

십행품 제이십일의 삼권

十行品 第二十一之三卷

經

佛子야 何等이 爲菩薩摩訶薩의 無著行고

불자여,[1] 어떤 등이 보살마하살의 집착이 없는 행이 되는가.

疏

第七은 無著行이니 體卽方便이라

제 일곱 번째는 집착이 없는 행이니
행의 자체가 곧 방편이다.

鈔

體卽方便者는 出體요 下皆釋名이라

1 불자여, 이하로 고본 양자권陽字卷 18장, 2행까지는 『잡화기』가 빠지고 없다.

행의 자체가 곧 방편이라고 한 것은 행의 자체를 설출한 것이요 아래는 다 행의 이름을 해석한 것이다.

疏

依二方便이니 由迴向故로 不住生死하고 由拔濟故로 不住涅槃하나니 俱無住故로 名爲無著이라

두 가지 방편을[2] 의지하나니,
회향방편을 인유한 까닭으로 생사에 머물지 않고 발제拔濟방편을 인유한 까닭으로 열반에 머물지 않나니
함께 주착함이 없는 까닭으로 이름을 무착이라 하는 것이다.

鈔

先은 依唯識二方便釋이니 唯識은 但列不釋거니와 無性釋云호대 方便善巧者는 謂不捨生死하고 而求涅槃이니 是則說名方便善巧니라(此總釋也) 若以前六波羅蜜多의 所集善根으로 共諸有情인댄 爲欲饒益諸有情故로 不捨有情이니 當知하라 卽是不捨生死요(此釋總中에 不捨生死니 卽唯識의 拔濟方便이라) 若以此善으로 迴求無上正等菩提인댄 爲證無上佛菩提故니 當知하라 卽是希求涅槃이라하니라(此是總中에 求涅槃이니 亦唯識에 迴向方便이라)

2 두 가지 방편이란, 회향迴向방편과 발제拔濟방편이다.

먼저는[3] 『유식론』에 두 가지 방편을 의지하여 해석한 것이니 『유식론』에는 다만 열거만 하고 해석은 하지 않았거니와, 『무성론』에는 해석하여 말하기를 방편선교라고 한 것은 말하자면 생사를 버리지 않고 열반을 구하는 것이니,

이것이 곧 이름하여 방편선교라 말하는 것이다.(이것은 한꺼번에 해석한 것이다.)

만약 앞[4]에 육바라밀다의 모은 바 선근으로써 모든 유정과 함께 한다면 모든 유정을 요익케 하고자 하는 까닭으로 유정을 버리지 않는 것이니, 마땅히 알아라. 곧 이것은 생사를 버리지 않는 것이요 (이것은 한꺼번에 해석한 가운데 생사를 버리지 않는다고 한 것을 거론한 것이니, 곧 『유식론』에 발제방편이다.)

만약 이 선근으로써 무상정등보리를 돌이켜 구한다면 무상불보리를 증득하는 까닭이니,

마땅히 알아라. 곧 이것은 열반을 구하기를 희망하는 것이다 하였다.(이것은 한꺼번에 해석한 가운데 열반을 구한다고 한 것이니, 또한 『유식론』에 회향방편이다.)

疏

本業後四도 亦各有三하니 方便三者는 一은 進趣向果요 二는 巧

---

3 먼저 운운은, 뒤에는 본업경을 의지하여 해석한 것이다.

4 앞이란, 십바라밀十波羅密 가운데 앞에 육바라밀六波羅密이다. 뒤는 사바라밀四波羅密이다.

會有無요 三은 一切法은 不捨不受니라

『본업경』에는 뒤에 사바라밀다四波羅密多도 또한 각각 세 가지가 있나니[5]
방편에 세 가지는 첫 번째는 과위에 나아가 향하는 것이요
두 번째는 유와 무를 교묘하게 아는 것이요
세 번째는 일체법을 버리지도 않고 받지도 않는 것이다.

疏

初卽迴向이요 二는 由巧會故로 方能拔濟요 不捨不受는 相同般若라 唯識엔 唯明後得일새 故不立之하고 本業엔 約兼正不同이나 不妨此一이라

처음에 진취방편은 곧 회향방편이요
두 번째는 교회방편을 인유한 까닭으로 바야흐로 능히 빼내어 건지는 것[6]이요
세 번째 버리지도 않고 받지도 않는다고 한 방편은 반야와 서로 같은 것[7]이다.

---

5 원문에 후사역각유삼後四亦各有三이란, 願三은 自行·神通·外化니 영인본 화엄 6책, p.691에 있다. 力三은 報通·修定通·變化通이니 영인본 화엄 6책, p.718에 있다. 智三은 無相智·一切種智·變化智니 모두 『본업경本業經』의 말이다.

6 원문에 발제拔濟는 발제방편拔濟方便을 가리키고 있다.

7 원문에 상동반야相同般若는 제육선현행第六善現行을 제육반야바라밀第六般若

『유식론』에는 오직 후득지만 밝혔기에 그런 까닭으로 그 근본지를 세우지 않았고 『본업경』에는 겸兼과 정正[8]이 같지 아니함[9]을 잡았지만 이것이 하나임에 방해롭지 않은 것이다.

鈔

不捨不受下는 三에 雙出經論의 有無之因이라 兼正之義는 下文當知리라

세 번째 버리지도 않고 받지도 않는다고 한 아래는 세 번째 경론[10]에 있고 없는 이유를 함께 설출한 것이다.
겸과 정의 뜻은 아래 문장[11]에서 마땅히 알 수 있을 것이다.

波羅密에 배속하고, 『섭론攝論』을 이끌어 반야般若가 가행지加行智·근본지根本智·후득지後得智를 갖추었다 하였으니, 여기 불사불수不捨不受와 같다는 것이니 영인본 화엄 6책, p.636 이하 소초疏鈔를 참고하라. 『사기私記』에는 相同般若는 般若는 通根本과 後得智니 唯識엔 後四度를 唯明後得일새 不立이요 本業經엔 般若는 卽法通根本이나 後得爲正이요 根本爲兼이라 하였다. 즉 반야와 서로 같다고 한 것은, 반야는 근본지와 후득지에 통하나니 『유식론』에는 뒤에 사四바라밀을 오직 후득지라고만 밝히고 근본지를 세우지 않았고, 『본업경』에는 반야는 곧 그 법이 근본지에도 통하지만 후득지로 正을 삼고 근본지로 兼을 삼는다 하였다.

8 겸兼은 후득지後得智이고, 정正은 근본지根本智이다.

9 겸兼과 정正이 같지 않다고 한 것은 『유망기』는 다만 조자권調字卷 하권 제6행을 보라고만 하였다.

10 경론經論이란, 『본업경本業經』과 『유식론唯識論』이다.

疏

三皆善巧故로 俱無住著이니 則不二나 而二之悲智가 卽二나 不二之一心이니 是無著也니라

세 가지 방편이 다 선교인 까닭으로 함께 주착함이 없는 것이니 곧 두 가지가 아니지만 두 가지인 대비와 지혜가 곧 두 가지이지만 두 가지가 아닌 한마음이니,
이것이 주착함이 없는 것이다.

鈔

則二不下는 初에 合釋前二니 以二가 同唯識故라 以進趣同迴向은 卽大智故요 巧會同拔濟는 卽大悲故니 此二相卽일새 故唯一心이라 二卽一心일새 故不著二하고 一心卽二일새 故不著一心이라

곧 두 가지가 아니지만 두 가지라고 한 아래는 처음에 앞에 두 가지[12]를 합하여 해석한 것이니
두 가지가 『유식론』과 같은 까닭이다.
진취방편이 회향방편과 같은 것은 곧 대지인 까닭이요
교회방편이 발제방편과 같은 것은 곧 대비인 까닭이니,

---

11 원문에 하문下文이란, 영인본 화엄 6책, p.769, 2행, 선현행善現行 게송 초문鈔文이다.

12 앞에 두 가지란, 진취進趣와 교회巧會이다.

이 두 가지가 서로 즉하기에 그런 까닭으로 오직 한마음인 것이다. 두 가지가 곧 한마음이기에 그런 까닭으로 두 가지에 집착하지 않고, 한마음이 곧 두 가지이기에 그런 까닭으로 한마음에 집착하지 않는 것이다.

疏

有是幻有요 無是眞空이니 幻有는 是不有有일새 故卽眞空이요 眞空은 是不空空일새 故卽幻有라 此二無礙일새 故名巧會요 如是相融일새 故無所著이라

있다고 하는 것은 이것은 환으로 있는 것이요
없다[13]고 하는 것은 이것은 진실로 공한 것이니
환으로 있다고 한 것은 이것은 있지 않고 있기에 그런 까닭으로 곧 진실로 공한 것이요
진실로 공하다고 한 것은 이것은 공하지 않고 공하기에 그런 까닭으로 곧 환으로 있는 것이다.
이 두 가지가 걸림이 없기에 그런 까닭으로 교회라 이름하는 것이요
이와 같이 서로 융합하기에 그런 까닭으로 주착하는 바가 없다 하는 것이다.

13 원문에 有無란, 교회유무巧會有無를 뜻한다.

鈔

有是幻有下는 二에 別約巧會有無하야 釋無著名이라

있다고 하는 것은 이것은 환으로 있는 것이라고 한 아래는 두 번째 있고 없는 것을 교묘하게 아는 방편을 따로 잡아서 주착함이 없는 행의 이름을 해석한 것이다.

疏

有能起用하고 空可觀察일새 故皆不捨요 若受有인댄 同凡夫하고 受無인댄 同趣證일새 故俱不受니라

있는 것은 능히 작용을 일으키고, 공한 것은 가히 관찰을 할 것이기에 그런 까닭으로 다 버리지 않는 것이요
만약 있는 것을 받는다면 범부와 같고, 없는 것을 받는다면 진취하여 증득[14]하는 것과 같기에 그런 까닭으로 함께 받지 않는 것이다.

14 원문에 취증趣證은 一에 진취향과進趣向果니 진취進趣는 취趣이고, 향과向果는 증證이다.

經

佛子야 此菩薩이 以無著心으로 於念念中에 能入阿僧祇世界하야 嚴淨阿僧祇世界나 於諸世界에 心無所著하며

불자여, 이 보살이 주착함이 없는 마음으로써 생각 생각 가운데 능히 아승지 세계에 들어가서 아승지 세계를 장엄하여 청정하게 하지만 모든 세계에 마음이 주착하는 바가 없으며

疏

二에 釋相中에 大分爲二리니 前은 明自分無著이요 後는 明勝進無著이라 於自分中에 已含前說의 二三方便이라 在文分三하리니 初는 唯明自行無著이요 二에 何以下는 徵釋所由요 後에 菩薩如是下는 類顯萬行이라 前中又二니 先은 明淨境無著이요 後에 見不淨下는 染境不嫌이라 前中三이니 一은 明嚴刹無著이라

두 번째 행의 모습을 해석한 가운데 크게 나누어 두 가지로 하리니
앞에는 자분에 주착함이 없는 것을 밝힌 것이요
뒤에는 승진에 주착함이 없는 것을 밝힌 것이다.
자분 가운데 이미 앞에서 설한 두 가지 방편과 세 가지 방편[15]을

15 원문에 전설이삼방편前說二三方便이라고 한 것은, 두 가지 방편(二方便)은 『유식론唯識論』에서 말한 회향방편回向方便과 발제방편拔濟方便이고, 세 가지 방편(三方便)은 『본업경本業經』에서 말한 진취향과進趣向果와 교회유무巧會有

포함하였다.

경문에 있어 세 가지로 나누리니

처음에는 오직 자분행의 주착함이 없는 것만 밝힌 것이요

두 번째 무슨 까닭인가 한 아래는 이유를 묻고 해석한 것이요

뒤에 보살이 이와 같이라고 한 아래는 비류하여 만행을 나타낸 것이다.

앞에 자분행의 주착함이 없다고 한 가운데 또한 두 가지가 있나니

먼저는 청정한 경계에 주착함이 없는 것을 밝힌 것이요

뒤에 부정한 세계를 보았다고 한 아래는 더러운 경계를 싫어하지 않는 것이다.

앞에 청정한 경계에 주착함이 없다고 한 가운데 세 가지가 있나니

첫 번째는 세계를 장엄하지만 주착함이 없는 것을 밝힌 것이다.

無와 일체법불사불수一切法不捨不受이다.

經

往詣阿僧祇諸如來所하야 恭敬禮拜하야 承事供養호대 以阿僧祇華와 阿僧祇香과 阿僧祇鬘과 阿僧祇塗香末香과 衣服珍寶와 幢幡妙蓋인 諸莊嚴具를 各阿僧祇로 以用供養하나니 如是供養은 爲究竟無作法故며 爲住不思議法故니라 於念念中에 見無數佛호대 於諸佛所에 心無所著하며 於諸佛刹에 亦無所著하며 於佛相好에 亦無所著하며 見佛光明하고 聽佛說法에 亦無所著하며 於十方世界와 及佛菩薩의 所有衆會에 亦無所著하며 聽佛法已에 心生歡喜하며 志力廣大하야 能攝能行諸菩薩行이나 然於佛法에 亦無所著하며

아승지 모든 여래의 처소에 나아가서 공경하고 예배하여 받들어 섬기고 공양하되 아승지 꽃과 아승지 향과 아승지 꽃다발과 아승지 바르는 향과 가루 향과 의복과 진기한 보배와 당기와 깃발과 묘한 일산日傘인 모든 장엄기구를 각각 아승지로 이용하여 공양하나니,

이와 같이 공양하는 것은 구경에 조작이 없는 법을 위한 까닭이며 사의할 수 없는 법에 머물기 위한 까닭입니다.

생각생각 가운데 수 없는 부처님을 친견하되 모든 부처님의 처소에 마음이 주착하는 바가 없으며

모든 부처님의 세계에 또한 주착하는 바가 없으며

부처님의 삼십이상과 팔십종호에 또한 주착하는 바가 없으며

부처님의 광명을 보고 부처님의 설법을 들음에 또한 주착하는 바가 없으며
시방세계와 그리고 부처님과 보살이 있는 바 대중이 모인 곳에 또한 주착하는 바가 없으며
불법을 들은 이후에 마음에 환희를 내며
의지력이 광대하여 모든 보살의 행을 능히 섭수하고 능히 행하지만 그러나 불법에 또한 주착하는 바가 없으며

疏

二에 往詣下는 於三寶無著이라 於中初는 敬事供佛이요 次에 如是下는 顯供所爲요 後에 於念念下는 別示無著之相이니 義兼三寶와 及自進修에 皆無所著이라 言念念者는 顯速而且多라

두 번째 아승지 모든 여래의 처소에 나아간다고 한 아래는 삼보에 주착함이 없는 것이다.
그 가운데 처음에는 부처님을 공경하고 받들어 섬기며 공양하는 것이요
다음에 이와 같이 공양하는 것이라고 한 아래는 공양하는 까닭을 나타낸 것이요
뒤에 생각 생각이라고 한 아래는 주착함이 없는 모습을 따로 현시한 것이니,
그 뜻은 삼보와 그리고 스스로 나아가 수행함에 다 주착하는 바가

없음을 겸하고 있다 하겠다.

생각 생각이라고 말한 것은 생각이 빠르고 또한 많음을 나타낸 것이다.

經

此菩薩이 於不可說劫에 見不可說佛이 出興於世하고 一一佛所에 承事供養호대 皆悉盡於不可說劫이라도 心無厭足하며 見佛聞法하며 及見菩薩의 衆會莊嚴이라도 皆無所著하며

이 보살이 가히 말할 수 없는 세월에 가히 말할 수 없는 부처님이 세상에 출흥하심을 보고 낱낱 부처님의 처소에서 받들어 섬기고 공양하되 다 가히 말할 수 없는 세월이 다하도록 할지라도 싫어하거나 만족하는 바가 없으며
부처님을 친견하고 법문을 들으며 그리고 보살의 대중이 모여 장엄함을 볼지라도 다 주착하는 바가 없으며

疏

三에 此菩薩下는 長時無著이라

세 번째 이 보살이라고 한 아래는 긴 시간토록 주착함이 없는 것이다.

經

見不淨世界라도 亦無憎惡하니라

부정한 세계를 볼지라도 또한 싫어함이 없습니다.

疏

二는 染境不嫌이니 唯一句者는 染易捨故니라

두 번째는 더러운 경계를 싫어하지 않는 것이니
오직 한 구절뿐인 것은 더러운 경계는 쉽게 버리는 까닭이다.

經

何以故요 此菩薩이 如諸佛法히 而觀察故니 諸佛法中엔 無垢無淨하며 無闇無明하며 無異無一하며 無實無妄하며 無安隱無險難하며 無正道無邪道하니라

무슨 까닭인가.
이 보살이 모든 불법과 같이 관찰하는 까닭이니
모든 불법 가운데는 더러운 것도 없고 깨끗한 것도 없으며
어두운 것도 없고 밝은 것도 없으며
다른 것도 없고 하나도 없으며
진실한 것도 없고 허망한 것도 없으며
안은한 것도 없고 험난한 것도 없으며
바른 길도 없고 삿된 길도 없습니다.

疏

第二는 徵釋中에 徵意云호대 欣淨惡穢는 人之常情이어늘 菩薩은 如何不嫌不著고 釋意云호대 不依佛慧하면 淨穢自生거니와 順法而觀거니 二相安在리요 故云如諸佛法히 而觀察故라하니 佛法은 卽法界佛慧也라

제 두 번째는 묻고 해석한 가운데 묻는 뜻에 말하기를 깨끗한 것을 좋아하고 더러운 것을 싫어하는 것은 사람의 보편적 감정이거늘

보살은 어떻게 싫어하지 않고 주착하지 않는가.

해석한 뜻에 말하기를 부처님의 지혜를 의지하지 않는다면 깨끗하고 더러운 것이 스스로 생기거니와, 불법을 따라 관찰하거니 두 가지 모습[16]이 어찌 있겠는가.

그런 까닭으로 말하기를 모든 불법과 같이 관찰하는 까닭이다 하였으니

불법이라고 한 것은 법계에 부처님의 지혜[17]인 것이다.

---

16 원문에 이상二相은 정淨과 예穢이다.

17 원문에 법계불혜法界佛慧는, 법계法界는 소증所證이고, 부처님의 지혜(佛慧)는 능증能證이다. 이 경문經文에는 법계法界라는 말이 없지만 다음 경문에 심입법계深入法界라 한 것을 말하고 있다.

經

菩薩이 如是深入法界일새 教化衆生이나 而於衆生에 不生執著하며 受持諸法이나 而於諸法에 不生執著하며 發菩提心하야 住於佛住나 而於佛住에 不生執著하며 雖有言說이나 而於言說에 心無所著하며 入衆生趣나 於衆生趣에 心無所著하며 了知三昧하야 能入能住나 而於三昧에 心無所著하며 往詣無量諸佛國土하야 若入若見하고 若於中住나 而於佛土에 心無所著하며 捨去之時에도 亦無顧戀하니라

보살이 이와 같이 깊이 법계에 들어갔기에 중생을 교화하지만 저 중생에게 집착함을 내지 아니하며
모든 법을 받아 가지지만 저 모든 법에 집착함을 내지 아니하며
보리심을 일으켜 부처님이 머무시는 곳에 머물지만 저 부처님이 머무시는 곳에 집착함을 내지 아니하며
비록 언설이 있지만 저 언설에 마음이 집착하는 바가 없으며
중생의 세계에 들어가지만 저 중생의 세계에 마음이 집착하는 바가 없으며
삼매를 알아 능히 들어가고 능히 머물지만 저 삼매에 마음이 집착하는 바가 없으며
한량없는 모든 부처님의 국토에 나아가 혹 들어가고 혹 보고 혹 그 가운데 머물지만 저 부처님의 국토에 마음이 집착하는 바가 없으며

버리고 갈 때에도 또한 돌아보고 그리워함이 없습니다.

疏

第三은 類顯萬行이니 若自若他에 皆無所著이라 於中初句는 結前生後요 教化已下는 廣列所行이요 言佛所住者는 卽聖天梵等이니 餘並可知라

제 세 번째는 비류하여 만행을 나타내는 것이니
혹 자기에게도 혹 다른 사람에게도 다 집착하는 바가 없는 것이다.
그 가운데 처음 구절은 앞에 말을 맺고 뒤에 말을 생기하는 것이요
중생을 교화한다고 한 이하는 행할 바를 폭넓게 열거한 것이요
부처님이 머무시는 곳이라고 말한 것은 성인과 하늘과 범천 등이니
나머지는 모두 가히 알 수가 있을 것이다.

鈔

卽聖天梵等은 後會에 當廣明하리라

곧 성인과 하늘과 범천 등이라고 한 것은 후회後會[18]에서 마땅히 밝히겠다.

---

18 후회後會란, 제오회第五會이니 노자권露字卷 18장이다. 또 서자권暑字卷, 上初 9장에도 이미 나왔다.

經

菩薩摩訶薩이 以能如是無所著故로

보살마하살이 능히 이와 같이 집착하는 바가 없는 까닭으로

疏

第二에 菩薩摩訶薩下는 勝進無著이라 文分爲三하리니 初明自行이요 二에 得授記已下는 利他요 三에 菩薩如是觀身下는 結行成滿이라 今初分二리니 先은 牒前自分이라

제 두 번째 보살마하살이라고 한 아래는 승진에 주착함이 없는 것이다.
경문을 나누어 세 가지로 하리니
처음에는 자분행을 밝힌 것이요
뒤에 수기를 얻은 이후라고 한 아래는 다른 사람을 이익케 하는 행이요
세 번째 보살이 이와 같이[19] 몸이 나라는 것이 없는 줄 관찰한다고 한 아래는 두 가지 행行[20]이 만족함을 이루는 것을 맺는 것이다.
지금은 처음으로 두 가지로 나누리니
먼저는 앞에 자분행을 첩석한 것이다.

---

19 원문 三에 보살여시菩薩如是는 영인본 화엄 6책, p.684, 6행에 설출說出하였다.
20 행行은 자분행自分行과 승진행勝進行이다.

經

於佛法中에 心無障礙하야 了佛菩提하며 證法毘尼하며 住佛正敎하며 修菩薩行하며 住菩薩心하며 思惟菩薩의 解脫之法하며 於菩薩住處에 心無所染하며 於菩薩所行에 亦無所著하며 淨菩薩道하며 受菩薩記하니라

불법 가운데 마음에 장애가 없어서 부처님의 보리를 요달하며
법의 비니毘尼를 증득하며
부처님의 바른 가르침에 머물며
보살의 행을 닦으며
보살의 마음에 머물며
보살의 해탈의 법을 사유하며
보살이 머무는 곳에 마음이 염착하는 바가 없으며
보살이 행하는 곳에도 또한 염착하는 바가 없으며
보살의 도를 청정케 하며
보살의 수기를 받습니다.

疏

後에 於佛法下는 正顯勝進이라 有十一句하니 初總餘別이라 總은 謂了達敎理行果之法故라 別中一은 了果法이니 謂佛菩提요 二는 了理法이니 謂證法毘尼라 毘尼는 梵音이니 具云毘奈耶요 此稱爲滅이라 若律藏受名인댄 義兼調伏거니와 今云法滅은 通四種法

이 皆有滅義니 謂敎詮滅故며 行滅惑故며 果證滅故며 理本寂滅故라 今文上下에 旣有餘三일새 故此滅者는 卽理滅也라 又與證義로 相應이니 圓融敎中엔 此容證故라 三에 住佛正敎는 卽了敎法이니 如所敎住故라 四에 修菩薩行下는 皆行法也라 三句는 隨相行이니 行卽萬行이요 心謂四等이요 解脫은 卽諸解脫門이라 次二句는 無相行이니 住處는 卽前敎理及果요 所行은 卽前萬行等이니 皆無染著也라 由此故로 能淨菩薩道며 堪受記別이라

뒤에 불법 가운데라고 한 아래는 바로 승진행을 나타낸 것이다.
열한 구절이 있나니
처음 구절은 총구요,
나머지 구절은 별구이다.
총구는 말하자면 교·리·행·과의 법을 요달한 까닭이다.
별구 가운데 첫 번째는 과법果法을 요달한 것이니
말하자면 부처님의 보리요
두 번째는 이법理法을 요달한 것이니
말하자면 법의 비니를 증득한 것이다.
비니라고 한 것은 범음이니 갖추어 말하면 비나야요, 여기에서는 이름을 멸이라 한다.
만약 율장에 이름한 것을 받는다면 뜻이 조복을 겸하였거니와, 지금에 말하기를 법멸이라고 한 것은 모두 네 가지 법이 다 멸의 뜻이 있나니
말하자면 교敎는 멸을 설명하는 까닭이며,

행行은 번뇌를 소멸하는 까닭이며,

과果는 멸을 증득하는 까닭이며,

이理는 본래 적멸한 까닭이다.

지금 문장의 상하에 이미 나머지 세 가지[21]가 있었기에 그런 까닭으로 여기에 멸이라고 한 것은 곧 이멸理滅이다.

또 증득(證)[22]의 뜻으로 더불어 상응하나니 원융교 가운데는 이 증득(證)의 뜻을 용납하는 까닭이다.

세 번째 부처님의 바른 가르침에 머문다고 한 것은 곧 교법敎法[23]을 요달한 것이니

가르친 바[24]와 같이 머무는 까닭이다.

네 번째 보살의 행을 닦는다고 한 아래는 다 행법行法이다.

세 구절은 모습을 따르는 행이니

행[25]이라고 한 것은 곧 만행이요

마음[26]이라고 한 것은 말하자면 사무량심등이요

해탈[27]이라고 한 것은 곧 모든 해탈[28]문이다.

---

21 원문에 여삼餘三이란, 고苦, 집集, 도道이다.

22 증득(證)이란, 경문에 증법證法의 증證이다. 증의상응證義相應이라고 한 것은 이법理法을 밝히는 까닭이니, 원교圓敎 가운데에는 此十行位에서도 증리證理를 용납하는 까닭이다.

23 교법敎法은 능전교能詮敎이다.

24 원문에 소교所敎는 소전리所詮理이다.

25 행行이란, 수보살행修菩薩行이다.

26 마음(心)이란, 주보살심住菩薩心이다.

27 해탈解脫이란, 보살해탈菩薩解脫이다.

다음에 두 구절은 모습이 없는 행이니
머무는 곳[29]이라고 한 것은 곧 앞에 교와 이理와 그리고 과요
행하는 곳[30]이라고 한 것은 곧 앞에 만행 등이니
다 염착하는 바가 없는 것이다.
이것을 인유한 까닭으로 능히 보살의 도를 청정케 하며 수기 받음[31]을 감당하는 것이다.

鈔

謂證法毘尼等者는 又此證者는 亦了知義니 故梵本具云호대 蘇鉢唎味底多達磨毘奈耶라하니라 釋曰蘇者는 善也요 鉢唎味底多는 了知也나 而譯人이 揀異上果니 果但了知요 理諦證故라 約其四法인댄 但言是理요 對上菩提인댄 卽是涅槃이니 涅槃은 卽是性淨之理요 證은 卽已爲圓淨涅槃이라

말하자면 법의 비니를 증득한다고 한 등은 또 이 증득(證)한다고 한 것은 또한 요달하여 안다(了知) 뜻이니,
그런 까닭으로 범본에 갖추어 말하기를 소·발리미저다·달마·비나야라 하였다.

---

28 원문에 제해탈諸解脫이란, 삼해탈三解脫이다.
29 원문에 주처住處란, 보살주처菩薩住處이다.
30 원문에 소행所行이란, 보살소행菩薩所行이다.
31 원문에 기별記別이란, 낱낱이 구별하여 수기함을 말한다.

해석하여 말하기를 소蘇라고 한 것은 잘(善)의 뜻이요
발리미저다라고 한 것은 요달하여 안다(了知)는 뜻이지만 번역한 사람이 위에 과果와 다름을 가렸으니,
과果는 다만 요달하여 아는 것뿐이요
이제理諦는 증득하는 까닭이다.
그 네 가지 법을 잡는다면 다만 이理라고만 말할 것이요
위에 보리를 상대한다면 곧 이 열반이라 할 것이니
열반이라고 한 것은 곧 성정열반[32]의 이理요
증득한다고 한 것은 곧 이미 원정열반[33]이 되는 것이다.

32 성정열반性淨涅槃은 근본지根本智이다.

33 원정열반圓淨涅槃은 후득지後得智이다.

經

得受記已에 作如是念호대 凡夫愚癡하야 無知無見하며 無信無解하며 無聰敏行하며 頑嚚貪著하며 流轉生死하며 不求見佛하며 不隨明導하며 不信調御하며 迷誤失錯하며 入於險道하며

수기를 얻은 이후에 이와 같은 생각을 하기를 범부는 어리석어
아는 것이 없으며
보는 것이 없으며
믿음이 없으며
지해가 없으며
총명하고 민첩한 행이 없으며
완고하고 어리석어[34] 탐착하며
생사에 유전하며
부처님 친견하기를 구하지 아니하며
밝은 인도자를 따르지 아니하며
조어사를 믿지 아니하며
미혹하여 잘못 실수하며
험난한 길에 들어가며

---

34 嚚은 '어리석을 은' 자이다.

疏

第二에 大悲利他中二니 先은 增長大悲요 後는 要心拔濟라 前中又二니 先은 觀其所悲요 後는 增悲無著이라 前中又二니 先은 觀迷四諦故로 入於險道요 後는 觀迷勝義故로 入於險道라 今初也니 初二句는 標起念時요 凡夫已下는 辨所念境이니 有十三句라 初總餘別이라 總은 謂迷於四諦일새 皆曰愚癡라

제 두 번째 대비로 다른 사람을 이익케 하는 가운데 두 가지가 있나니
먼저는 대비를 증장하는 것이요
뒤에는 마음에 빼내어 건져주기를 요망하는 것이다.
앞에 대비를 증장하는 가운데 또 두 가지가 있나니
먼저는 그 대비大悲할 바를 관찰하는 것이요
뒤에는 대비를 증장하여 주착함이 없는 것이다.
앞에 대비할 바를 관찰하는 가운데 또 두 가지가 있나니
먼저는 사제를 미혹한 까닭으로 험난한 길에 들어가는 것을 관찰하는 것이요
뒤에는 승의제(勝義)를 미혹한 까닭으로 험난한 길에 들어가는 것을 관찰하는 것이다.
지금은 처음으로 처음에 두 구절은 생각을 일으키는 때를 표한 것이요
범부라고 한 이하는 생각하는 바 경계를 분별한 것이니,

열세 구절이 있다.
처음 구절은 총구요,
나머지 구절은 별구이다.
총구는 말하자면 사제를 미혹하였기에 다 어리석다 말하는 것이다.

鈔

先則總觀者는 然約二愚컨댄 迷四諦理는 卽是迷勝義愚니 卽四重二諦中에 第二重二諦어니와 今取第三重中勝義니 謂卽眞如라 故與四不同이니 四諦는 但是俗故니라

먼저는 곧 사제를 한꺼번에 관찰한다[35]고 한 것은 그러나 두 가지 어리석음[36]을 잡는다면 사제의 진리를 미혹한 것은 곧 이것은 승의제를 미혹한 어리석음이니 곧 사중이제四重二諦[37] 가운데 제이중第二重의 이제二諦이거니와, 지금에는 제삼중第三重 가운데 승의제를 취한 것이니 곧 진여를 말한 것이다.

---

35 先則總觀이라고 한 것은, 소문疏文에는 先觀迷四諦等이라 하였다.

36 두 가지 어리석음이란, 이숙의 뜻에 미혹한 어리석음과 진실의 뜻에 미혹한 어리석음이니 궐자권闕字卷 39장, 하에 있는 말이다. 여기는 사제를 미혹한 어리석음과 승의제를 미혹한 어리석음이니 궐자권(六地) 39장에 말한 것과는 다르다 하겠다.

37 사중이제四重二諦는 진속이제眞俗二諦에 각각 세간世間과 도리道理와 증득證得과 승의勝義의 네 가지 승의勝義가 있는 것이다. 법상종法相宗의 말이다.

그런 까닭으로 사제로 더불어 같지 않나니,
사제는 다만 속제뿐인 까닭이다.

疏

別中前五는 彰迷요 後七은 顯過라 前中一은 不知苦諦요 二는 不見集過요 三은 不信性本寂滅이요 四五는 不能修道니 一解二行이라 後七은 顯過니 一은 不見集過故로 頑嚚貪著하나니 卽癡愛也요 二는 由貪愛故로 受生死苦요 次에 不求見下四句는 釋不修道니 初三은 缺道緣이요 四는 由不信故로 迷正道하고 失本解하야 以邪爲正이니 名爲錯誤라 後一은 由前不修故로 入險失滅이니 上은 一向是凡이라

별구 가운데 앞에 다섯 구절은 미혹한 것을 밝힌 것이요
뒤에 일곱 구절은 허물을 나타낸 것이다.
앞의 미혹한 것을 밝힌 가운데 첫 번째는 고제를 알지 못한 것이요
두 번째는 집集의 허물을 보지 못한 것이요
세 번째는 자성이 본래 적멸함을 믿지 않는 것이요
네 번째와 다섯 번째는 능히 도를 닦지 않는 것이니
첫 번째는 해解요,
두 번째는 행行이다.
뒤에 일곱 구절은 허물을 나타낸 것이니
첫 번째는 집集의 허물을 보지 못한 까닭으로 완고하고 어리석어

탐착하나니 곧 어리석어 애착하는 것이요
두 번째는 탐착하고 애착함을 인유한 까닭으로 생사의 고통을 받는 것이요
다음에 부처님 친견하기를 구하지 않는다고 한 아래에 네 구절은 도를 닦지 않는 것을 해석한 것이니
처음에 세 구절은 도의 인연이 빠진 것이요
네 번째는 믿지 아니함을 인유한 까닭으로 정도를 미혹하고 본래의 지해(解)를 잃어 사도로써 정도를 삼는 것이니
이름이 착오가 되는 것이다.
뒤에 한 가지는 앞에 닦지 아니함을 인유한 까닭으로 험난한 길에 들어가 적멸을 잃는 것이니
이상은 한결같이 이 범부인 것이다.

鈔

頑嚚卽癡愛는 尙書堯典注云호대 心不則德義를 曰頑이요 言不道忠信을 曰嚚이니 故頑卽癡요 嚚是愛也니라

완고하고 어리석어 탐착하나니 곧 어리석어 애착하는 것이라고 한 것은 『상서尙書』[38]의 요전주堯典注에 말하기를 마음이 덕행과 의리를 법하지 않는 것을 완고하다 말하는 것이요

38 『상서尙書』는 『서경書經』의 별칭別稱이다.

말이 충성과 믿음을 도리하지 않는 것을 어리석다 말하는 것이니
그런 까닭으로 완고하다고 한 것은 곧 어리석다는 것이요
어리석다(嚚)고 한 것은 애착한다는 것이다.

經

不敬十力王하며 不知菩薩恩하며 戀著住處하며 聞諸法空하면 心大驚怖하야 遠離正法하고 住於邪法하며 捨夷坦道하고 入險難道하며 棄背佛意하고 隨逐魔意하야 於諸有中에 堅執不捨라 하니라

십력의 왕을 공경하지 아니하며
보살의 은혜를 알지 못하며
머무는 곳에 연민하고 탐착하며
모든 법이 공하다고 함을 들으면 마음이 크게 놀라고 두려워 정법을 멀리 여의고 사법邪法에 머물며
평탄한 길을 버리고 험난한 길에 들어가며
부처님의 뜻을 버려 등지고 마군의 뜻을 따르고 좇아 저 삼유 가운데 크게 집착하여 버리지 못한다 하였습니다.

疏

二에 不敬下는 明迷勝義故로 入於險道니 通於凡小라 初二句는 離勝緣이요 次二句는 缺勝因이니 三有와 生空이 皆爲住處라 怖法空者는 謂斷滅故니 故大般若의 諸會之末에 善現이 皆愍衆生이 怖畏法空하야 而興問言호대 云何令諸衆生으로 悟諸法空하리닛고 佛言하사대 非先有法을 後說爲無니 旣非先有인댄 後亦非無니

라 自性常空이니 勿生驚怖하라하니라 遠離已下는 覆疏上義니 由著處怖空故로 遠正住邪하며 捨夷入險이요 由離勝緣故로 背佛隨魔하야 執有不捨하나니 魔樂生死하고 佛住空故니라

두 번째 십력의 왕을 공경하지 않는다고 한 아래는 승의제를 미혹한 까닭으로 험난한 길에 들어가는 것을 밝힌 것이니
범부와 소승에 통하는 것이다.
처음에 두 구절은 수승한 조연을 떠난 것이요
다음에 두 구절은 수승한 원인이 빠진 것이니
삼유와 생공[39]이 다 머무를 곳이 되는 것이다.
법공을 두려워한다고 한 것[40]은 단멸을 말하는 까닭이니,
그런 까닭으로 『대품반야경』 모든 회의 끝에 선현이 다 중생이 법공을 두려워함을 어여삐 여겨 질문을 일으켜 말하기를 어떻게 모든 중생으로 하여금 모든 법이 공함을 깨닫게 하리까.
부처님이 말씀하시기를 먼저 있는 법을 뒤에 없다고 설한 것이 아니니, 이미 먼저 있지 않았다면 뒤에도 또한 없지 않는 것이다.[41]
자성이 항상 공한 것이니 놀라거나 두려움을 내지 말라 하였다.

---

39 삼유三有와 생공生空이란, 삼유三有는 범부凡夫가 머무는 곳이요, 생공生空은 이승二乘이 머무는 곳이다. 역시 『유망기』의 말이다. 생공生空은 인공人空 또는 아공我空이라고도 한다.

40 원문에 포법공怖法空이란, 경문經文에 문제법공聞諸法空하면 심대경포心大驚怖라 한 것이다.

41 뒤에도 또한 없지 않다고 한 것은, 소본에는 또한 뒤에도 없지 않다 하여 亦非後無라 하였다. 『유망기』의 말이다.

정법을 멀리 여읜다고 한 이하는 거듭 위에 뜻을 소설疏說한 것이니, 머무는 곳에 탐착하고 공을 두려워함을 인유한 까닭으로 정법을 멀리하고 사법에 머물며 평탄한 길을 버리고 험난한 길에 들어가는 것이요

수승한 인연을 떠남을 인유한 까닭으로 부처님을 등지고 마군을 따라 삼유에 집착하여 버리지 않나니,

마군은 생사를 좋아하고 부처님은 공에 머무는 까닭이다.

經

菩薩이 如是觀諸衆生하고 增長大悲하야 生諸善根이나 而無所著하니라

보살이 이와 같이 모든 중생을 관찰하고 대비를 증장하여 모든 선근을 생기하지만 주착하는 바가 없습니다.

疏

二에 菩薩如是下는 增長悲心이니 結成無著이라

두 번째 보살이 이와 같이라고 한 아래는 대비심을 증장하는 것이니 주착함이 없음을 맺어 성립하는 것이다.

經

菩薩爾時에 復作是念호대 我當爲一衆生하야 於十方世界의 一一國土에 經不可說不可說劫토록 敎化成熟하리니 如爲一衆生하야 爲一切衆生을 皆亦如是호대 終不以此로 而生疲厭하야 捨而餘去리라하며 又以毛端으로 遍量法界하야 於一毛端處에 盡不可說不可說劫토록 敎化調伏一切衆生하리니 如一毛端處하야 一一毛端處에도 皆亦如是호대

보살이 그때에 다시 이와 같은 생각을 하기를 내가 마땅히 한 중생을 위하여 시방세계의 낱낱 국토에 가히 말할 수 없고 가히 말할 수 없는 세월을 지나도록 교화하여 성숙케 하리니,
한 중생을 위함과 같이 일체중생을 위하기를 다 또한 이와 같이 하되 마침내 이것으로써 피곤해하거나 싫어함을 내어 버리고 다른 곳으로 가지 않을 것이다 하며
또 털끝으로써 법계를 두루 헤아려 한 털끝 처소에 가히 말할 수 없고 가히 말할 수 없는 세월이 다하도록 일체중생을 교화하여 조복케 하리니,
한 털끝 처소와 같아서 낱낱 털끝 처소에도 다 또한 이와 같이 하되

疏

第二에 菩薩爾時下는 要心拔濟니 以大悲隨逐이라 文分二別하리니 先은 起行이요 後에 乃至下는 顯無著이라 前中亦二니 先은 明心無疲厭이니 以無著故로 卽大悲堅固하야 不以難化나 而厭捨之요 後에 又以下는 明其心廣大니 謂一毛量處에 化多衆生하고 法界皆爾할새 是爲廣大니라

제 두 번째 보살이 그때라고 한 아래는 마음에 빼내어 건져주기를 요망하는 것이니
대비로써 따라 좇는 것이다.
경문을 두 가지로 다르게 나누리니
먼저는 행을 일으키는 것이요
뒤에 내지라고 한 아래에는 주착함이 없는 것을 나타낸 것이다.
앞의 행을 일으키는 가운데 또한 두 가지가 있나니,
먼저는 마음에 피곤하거나 싫어함이 없음을 밝힌 것이니
주착함이 없는 까닭으로 곧 대비가 견고하여 교화하기 어렵지만 싫어하거나 버리지 않는 것이요
뒤에 또 이 털끝이라고 한 아래는 그 마음이 광대함을 밝힌 것이니
말하자면 한 털끝만한 양의 처소에서 수많은 중생을 교화하고 법계에서도 다 그렇게 하기에 이것이 광대함이 되는 것이다.

經

乃至不於一彈指頃에도 執著於我하야 起我我所想하며

내지 한 번 손가락을 튕기는 즈음에도 나에게 집착하여 아我와 아소我所의 생각을 일으키지 아니하며

疏

二에 顯無著中三이니 初는 擧少況多라

두 번째 주착함이 없음을 나타내는 가운데 세 가지가 있나니 처음에는 적은 것을 들어 많은 것을 비유한 것이다.

經

於一一毛端處에 盡未來劫토록 修菩薩行하야도 不著身하며 不著法하며 不著念하며 不著願하며 不著三昧하며 不著觀察하며 不著寂定하며 不著境界하며 不著敎化調伏衆生하며 亦復不著入於法界리라하니라

저 낱낱 털끝 처소에서 미래세월이 다하도록 보살의 행을 닦아도
몸에 집착하지 아니하며
법에 집착하지 아니하며
생각에 집착하지 아니하며
서원에 집착하지 아니하며
삼매에 집착하지 아니하며
관찰에 집착하지 아니하며
적정에 집착하지 아니하며
경계에 집착하지 아니하며
중생을 교화하여 조복케 함에 집착하지 아니하며
또한 다시 법계에 들어감에 집착하지 않을 것이다 하였습니다.

疏

次에 於一一下는 廣顯無著이라

다음에 저 낱낱이라고 한 아래는 집착함이 없는 것을 폭넓게 나타낸 것이다.

經

何以故요 菩薩作是念호대 我應觀一切法界如幻하며 諸佛如影하며 菩薩行如夢하며 佛說法如響하며 一切世間如化하니 業報所持故며 差別身如幻하니 行力所起故며 一切衆生如心하니 種種雜染故며 一切法如實際하니 不可變異故라하며

무슨 까닭인가.
보살이 이와 같은 생각을 하기를 내가 응당히 일체 법계가 환상과 같으며
모든 부처님이 그림자와 같으며
보살의 행이 꿈과 같으며
부처님의 설법이 메아리와 같으며
일체 세간이 변화한 것과 같나니 업보로 가지는 바인 까닭이며
차별한 몸이 환상과 같나니 행의 힘으로 생기한 바인 까닭이며
일체중생이 마음과 같나니 가지가지로 섞이어 물든 까닭이며
일체법이 실제와 같나니 가히 변하여 달라지지 아니한 까닭을 관찰할 것이다 하며

疏

後에 何以下는 徵釋所以라 後에 釋有二意하니 一은 稱深無相하야 而興念故요 二는 廣遍虛空하야 起加行故라 前中에 無相難明일새 寄以喩顯이라 然此諸喩가 通喩諸法이니 如下本品거니와 今取義

便하야 各擧其一이니 則明前所見이 皆無相也니라 初句爲總이니 觀事法界가 從緣如幻하야 無實體故니 是以不著이라 餘句爲別이니 一은 佛隨機現이 如影隨質故며 又現心水故요 二는 菩薩行이 想念生故며 未大覺故요 三은 緣成之聲故며 隨感有說故라 餘句는 經文自釋하니라 一切法이 如實際者는 總結也라

뒤에 무슨 까닭인가 한 아래는 그 까닭을 묻고 해석한 것이다.
뒤[42]에 해석함에 두 가지 뜻이 있나니
첫 번째는 깊이 무상無相에 칭합하여 생각을 일으키는 까닭이요
두 번째는 널리 허공계에 두루하여 가행加行을 일으키는 까닭이다.
앞의 가운데 무상無相은 밝히기 어렵기에 비유로써 나타냄을 의지한 것이다.
그러나 이 모든 비유가 모든 법을 통틀어 비유한 것이니
아래 본품本品[43]과 같거니와 지금에는 뜻의 편리한 것만 취하여 각각 그 하나만을 거론한 것이니
곧 앞에 보는 바가 다 무상無相하다고 밝힌 것이다.

처음 구절은 총구가 되나니,
사법계가 인연을 좇아 환상과 같아서 실체가 없는 줄 관찰하는

42 원문 後 자 위에 所以不著者는 연자衍字이다. 『유망기』는 묻는 말을 첩석한 것이니 반드시 소본을 의지하여 고칠 필요는 없다 하였다. 나는 고쳐 해석하였다.

43 본품本品은 십인품十忍品이다.

까닭이니 이로써 집착하지 않는 것이다.
나머지 구절은 별구가 되나니
첫 번째는[44] 부처님이 근기를 따라 나타나는 것이 마치 그림자가 본질을 따르는 것과 같은 까닭이며
또 심수心水[45]에 나타나는 것과 같은 까닭이요
두 번째는[46] 보살의 행이 생각으로 생기는 까닭이며
아직 크게 깨닫지 못한 까닭이요
세 번째는[47] 인연으로 이루어지는 소리인 까닭이며
감응함을 따라 설법함이 있는 까닭이다.
나머지 구절은 경문에 자연스레 해석하였다.
일체법이 실제와 같다고 한 것은 모두 맺는 것이다.

鈔

想念生者는 此有二意라 一은 要想念이니 念方能起行이 如夢從想이라 故智論云호대 所聞見事에 多思惟念일새 故夢見也라하니라 未大覺者는 大覺是佛이라 近而說之컨댄 七地已前은 猶爲夢行이요 八地爲覺이어니와 八地之中에도 無明未盡일새 亦是夢境이라 永斷夢妄思想念하야 無復諸大陰界入은 唯佛一人일새 是故如來를 獨稱大覺

44 첫 번째는 경문經文에 제불여영諸佛如影이다.
45 심수心水는 중생심衆生心을 물(水)에 비유한 것이다.
46 두 번째는 경문經文에 보살여몽菩薩如夢이다.
47 세 번째는 경문經文에 불설법여향佛說法如響이다.

이라

생각으로 생긴다고 한 것은 여기에 두 가지 뜻이 있다.
첫 번째는 생각을 요망하는 것이니,
생각에 바야흐로 행을 일으키는 것이 마치 꿈이 생각을 좇는 것과 같은 것이다.
그런 까닭으로 『지도론』에 말하기를 듣고 보는 바 일에 사유하는 생각이 많기에 그런 까닭으로 꿈에서 보는 것이다 하였다.

아직 크게 깨닫지 못했다고 한 것은 크게 깨달은 이는 이 부처님이다.
가까이 말하건대 칠지 이전은 오히려 꿈속의 행이 되고 팔지는 꿈에서 깬 것이 되거니와, 팔지 가운데도 무명이 아직 다하지 않았기에 역시 꿈의 경계인 것이다.
영원히 꿈의 허망한 생각과 생각을 끊어[48] 다시 모든 사대와 오음과 십팔계와 육입이 없는 이는 오직 부처님 한 사람뿐이기에 이런 까닭으로 여래를 홀로 크게 깨달은 이라 이름하는 것이다.

疏

又前明法界如幻은 卽體從緣이요 後에 結一切法如實際는 卽事而寂이니 世人이 皆謂實際不變이요 而謂諸法無常이라하니 以其

48 원문에 영단몽망사상념永斷夢妄思想念 운운은 십인품十忍品 제육第六 여몽인如夢忍의 끝부분 초문鈔文에 인용한 『무량의경無量義經』 공덕품功德品의 말이다.

所知로 喩所不知일새 故置如言이언정 理實圓融이니 世間之相이 卽是常住니라

또 앞에 일체 법계가 환상과 같다고 밝힌 것은 곧 자체가 인연을 따르는 것이요
뒤에 일체법이 실제와 같다고 맺은 것은 사실에 즉하여 적멸[49]한 것이니, 세상 사람들이 다 실제는 변하지 않는다 말하고 그러나 모든 법은 영원할 수 없다 말하나니,
그들이 아는 바로써 알지 못하는 바를 비유하기에 그런 까닭으로 같다(如)는 말을 두었을지언정 이치는 실로 원융한 것이니 세간의 모습이 곧 영원히 머무는 것이다.

疏

然古德이 以後七喩로 展轉釋疑하니 一은 疑云호대 世間幻火는 不成燒用거니와 佛現益物거니 豈同幻耶아할새 釋云如影이라하니 亦有應質과 蔭覆等義나 豈是實耶아 然諸法喩가 各有三義하니 一은 緣成義요 二는 無實義요 三은 有用義니 意取無實일새 故不著也니라 二는 疑云호대 若佛如影인댄 菩薩何以로 起行往求리요 因旣不虛인댄 果寧非實이리요할새 釋云如夢이라하니라 夢亦三義하니 無體現實과 與覺爲緣이니 謂有夢走라가 而驚覺故니라 菩薩

49 원문에 事는 일체법一切法이고, 寂은 실제實際이다.

行亦爾하야 證理故空이며 無明未盡故로 似實이며 能與佛果爲緣이니 勤勇不已하면 豁然覺悟가 如夢渡河니라 三은 疑云호대 若菩薩行如夢者인댄 何以經說호대 此是菩薩行이며 此是二乘行이라 하는고할새 釋云如響이라하니 緣成無本이나 稱聲大小하나니 聖教亦爾하야 機感無本이나 隨機異聞이라 四는 疑云호대 果行可然거니와 世間未悟하니 此應是實이라할새 釋云如化라하니 心業神力所持언정 無實有用이라 五는 疑云호대 若皆如化인댄 何有差別之身고할새 釋云如幻이라하니라 六은 疑云호대 身若如幻인댄 何有報類不同고할새 釋云如心이라하니 此二三義는 如前影說하니라 七은 總結이니 可知라

그러나 고덕古德[50]이 뒤에 일곱 가지 비유[51]로써 전전히 의심을 해석하였으니
첫 번째는 의심하여 말하기를 세간에 환상의 불은 태우는 작용을 이루지 못하거니와 부처님은 나타남에 중생을 이익케 하거니 어찌 환상과 같겠는가 하기에, 해석하여 말하기를 그림자와 같다 하였으니 또한 응하는 성질[52]과 덮는 등의 뜻이 있지만 어찌 진실이겠는가.
그러나 모든 법의 비유가 각각 세 가지 뜻이 있나니
첫 번째는 인연으로 이루어진다는 뜻이요

---

50 고덕古德은 현수법사賢首法師이다.

51 원문에 후칠유後七喩는 여영칠유如影七喩이다.

52 원문에 응질應質은 응하는 성질 즉 본질이고, 음복蔭覆은 덮는 작용이다.

두 번째는 진실이 없다는 뜻이요
세 번째는 작용이 있다는 뜻이니,
뜻이 진실이 없음을 취하였기에 그런 까닭으로 집착하지 않는 것이다.

두 번째는 의심하여 말하기를 만약 모든 부처님이 그림자와 같다면 보살이 무슨 까닭으로 행을 일으켜 가서 불법을 구하는가. 원인이 이미 허망하지 않았다면 결과인달 어찌 진실하지 않겠는가 하기에 해석하여 말하기를 꿈과 같다 하였다.
꿈에도 또한 세 가지 뜻이 있나니
자체가 없는 것과 현재 실재하는 것과 꿈에서 깨어남으로 더불어 인연을 삼는 것이니,
말하자면 어떤 사람이 꿈에서 달리다가 놀라서 깨어나는 까닭이다.
보살의 행도 또한 그러하여 진리를 증득한 까닭으로 공空[53]이며,
무명이 다하지 아니한 까닭으로 실재하는 것과 같으며,[54]
능히 불과佛果[55]로 더불어 인연을 삼는 것이니,
부지런히 용맹정진하여 그치지 않는다면 활연히 깨닫는 것이 마치 꿈속에서 강을 건너는 것과 같을 것이다.

세 번째는 의심하여 말하기를 만약 보살의 행이 꿈과 같다면 무슨

53 공空은 무체無體이다.

54 원문에 사실似實은 현실現實이다.

55 불과佛果는 연緣이다.

까닭으로 경에 말하기를 이것은 보살의 행이며 이것은 이승의 행이라 히는가 하기에, 해석하여 말하기를 메아리와 같다 하였으니 인연으로 이루어지는 것은 근본이 없는 것이지만 소리의 크고 작음에 칭합하나니,
성인의 가르침도 또한 그러하여 근기가 감응하는 것은 근본이 없는 것이지만 근기를 따라 듣는 것이 다른 것이다.

네 번째는 의심하여 말하기를 과果와 행行[56]은 가히 그러하거니와[57] 세간은 깨닫지 못하니[58] 이것은 응당 진실일 것이다 하기에, 해석하여 말하기를 변화한 것과 같다 하였으니
마음과 업과 위신력으로 가지는 바일지언정 진실로 작용이 없는 것이다.

다섯 번째는 의심하여 말하기를 만약 다 변화한 것과 같다고 한다면 어찌 차별한 몸이 있는가 하기에, 해석하여 말하기를 환상과 같다 하였다.

여섯 번째는 의심하여 말하기를 몸이 만약 환상과 같다고 한다면 어찌 업보의 유형이 같지 않는가 하기에, 해석하여 말하기를 마음과

56 과果와 행行은 前四句니 一·二·四는 과果이고 第三은 행行이다.
57 원문에 가연可然은 공空을 가리키고 있다.
58 원문에 세간미오世間未悟는 제오구第五句에 일체세간여화一切世間如化라 한 것이다.

같다 하였으니
이 두 가지 의심에 세 가지 뜻[59]은 앞[60]에 그림자와 같다고 설한 곳에 세 가지 뜻과 같다.

일곱 번째는 모두 맺는 것이니 가히 알 수가 있을 것이다.

鈔

如夢度河자는 卽八地經이라 七總結者는 彼亦釋疑니 謂有疑云호대 衆生旣爾인댄 何故菩薩이 說法赴機고할새 故此釋云호대 所說法이 如實際라하니 卽此言說이 常同實際니라 故今疏中에 將初爲總하고 將後實際하야 以爲總結하니라 所以名은 爲略加添改요 餘義多同이나 但是取意가 有小異耳니라

꿈속에서 강을 건너는 것과 같다고 한 것은 곧 팔지의 경문이다.

일곱 번째 모두 맺는다고 한 것은 저 고덕이 또한 의심을 해석한 것이니,
말하자면 어떤 사람이 의심하여 말하기를 중생이 이미 그렇다면 무슨 까닭으로 보살이 법을 설하여 근기를 향하는가 하기에, 그런 까닭으로 이것을 해석하여 말하기를 설한 바 법이 실제와 같다

59 원문에 此二三義는, 此二란 第五疑와 第六疑이다.
60 앞이란, 第一疑中이니 영인본 화엄 6책, p.680, 3행이다.

하였으니,
곧 이것은 언설이 항상 실제와 같다는 것이다.
그런 까닭으로 지금 소문 가운데 처음에 그림자와 같다는 것을 가져 총표를 삼았고, 뒤에 실제를 가져 총결을 삼았다.
그런 까닭으로 이름은 더하고 고침에 생략하기도 하고 더하기도 하였고, 나머지 뜻은 다분히 같지만 다만 취하는 뜻이 조금 다름이 있을 뿐이다.

疏

上來에 古德之釋이 旣二經小異일새 略加添改하니라 然其所解가 似過穿鑿이나 亦是一塗니라

상래에 고덕의 해석이 이미 두 경[61]이 조금 다르기에 더하고 고침에 생략하기도 하고 더하기도 하였다.
그러나 그의 해석한 바가 천착함을 지난 것 같지만 역시 한 길[62]이다.

鈔

旣二經小異等者는 晉經卽云호대 一切法界如幻하며 諸佛法如電하며 菩薩行如夢하며 所聞法如響하며 一切世界如化하며 業報所起가 如摩㝹摩化身하며 一切衆生이 猶如畫像하나니 種種異形이 皆由心

61 두 경(二經)이란, 진경晋經과 당경唐經이다.

62 一塗는 일리一理가 있다는 뜻이다.

畫하며 所說諸法이 皆如實際라하니라 釋曰此經도 亦有八喩하니 唯如畫像이 以經自合하고 餘는 但有牒法爲喩耳니라 彼之電喩를 今改爲影하고 彼摩㲯摩喩를 今改爲幻일새 故有二幻하니 此亦是改며 亦是添義니라 彼業報所起를 屬摩㲯摩所喩어늘 今將合化하니 亦是改處니라 又後四喩는 皆經自釋하니 卽是添處니 經之添改가 總爲小異니라 添改二字는 正約疏明이니 彼釋電云호대 亦有破闇과 照明等用이라하얏거늘 今由爲影하야 改云호대 亦有應質과 覆蔭等義라하니라 彼釋第四疑云호대 果行等은 可使是空이라하얏거니와 今世界事廣하니 此應爲實이라하니 由經의 以界爲間인댄 則世間이 通三世間일새 故疏改別하니라 彼釋第五疑호대 若世如化인댄 何有彼因果하며 有善惡異고할새 釋云業報生이 如幻生이라하니라 彼疏에 釋摩㲯摩云호대 古德釋云호대 摩㲯摩者는 重義니 卽是重化라할새 今更問三藏法師하니 摩㲯摩者는 此云意生이요 亦云意成이라하니 卽是意生身也라 彼身이 更起化故라하니라 釋曰此三藏釋도 亦有重化意耳나 但取文別이니라 彼釋第六牒疑는 則同今之疏文하니 釋云如畫像이 隨心壁하야 有高下故라하니라

이미 두 경이 조금 다르다고 한 등은 진경에는 곧 말하기를 일체 세계가 환상과 같으며,
모든 불법이 번갯불과 같으며,
보살의 행이 꿈과 같으며,
듣는 바 법이 메아리와 같으며,
일체 세계가 변화한 것과 같으며,

업보로 생기한 바가 마누마[63] 화신과 같으며,
일체중생이 마치 그림 영상과 같나니,
가지가지 다른 형상이 다 마음에 그림을 인유하며
설한 바 모든 법이 다 실제와 같다 하였다.
해석하여 말하면 이 경[64]에도 또한 여덟 가지 비유가 있나니,
오직 저 그림 영상의 비유만이 지금의 경으로 스스로 부합하고
나머지 비유는 다만 법을 첩석하여 비유를 삼은 것이 있을 뿐이다.
저 진경에 번갯불의 비유를 지금에 고쳐 그림자의 비유로 삼고,
저 진경에 마누마 비유를 지금에 고쳐 환상의 비유를 삼았기에
그런 까닭으로 두 가지 환상(幻)[65]이 있나니,
이것도 또한 고친 것이며 또한 더한 뜻이다.
저 진경에는 업보로 생기한 바를 마누마의 비유할 바에 배속하였거늘, 지금에는 가져 변화(化)에 법합하였으니
또한 고친 곳이다.
또 뒤에 네 가지 비유[66]는 다 지금의 경에 스스로 해석하였으니,
곧 이것은 더한 곳이니 경에 더하고 고친 것이 모두 조금 다름[67]이 될 뿐이다.

---

63 마누마摩㝹摩는 영인본 화엄 6책, p.683, 6행에 해석이 있다.

64 여기서 이 경이란, 진경晋經을 말한다.

65 원문에 이환二幻은 일체법계여환一切法界如幻과 차별신여환差別身如幻이다.

66 원문에 후사유後四喩는 여환如幻 이하 사유四喩이다.

67 원문에 소이小異는 진경晋經과 당경唐經이 각각 조금 다르다는 것이다.

더하고 고친다고 한 두 글자는 바로 진경의 소문을 잡아 밝힌 것이니, 저 소문에 번갯불을 해석하여 말하기를 또한 어둠을 깨뜨리는 것과 밝게 비추는 등의 작용이 있다 하였거늘, 지금에는 그림자와 같다고 함을 인유하여 고쳐서 말하기를 또한 응하는 성질과 덮는 등의 뜻이 있다 하였다.

저 소문에 제 네 번째 의심을 해석하여 말하기를 과果와 행行 등[68]은 가히 하여금 이 공이라 하였거니와 지금에는 세계의 일들이 광대하니 이것은 응당 진실일 것이다 하니,
지금의 경문에 계자界字로써 간자間字를 삼은 것을 인유한다면 곧 세간이 삼세간에 통하기에 그런 까닭으로 소문을 고쳐서 다르게 하였다.[69]

저 소문에 제 다섯 번째 의심을 해석하기를 만약 세계가 변화한 것과 같다고 한다면 어찌 저 인과가 있으며 선악의 다름이 있겠는가 하기에, 해석하여 말하기를 업보로 생기하는 것이 환상으로 생기하는 것과 같다 하였다.

저 진경의 소문에 마누마를 해석하여 말하되, 고덕이 해석하여

---

68 과果와 행行 등 운운은 영인본 화엄 6책, p.681, 1행에 果行可然거니와 世間未悟하니 此應是實이라하니 즉 前四句는 果行이요 四句에 각각 如幻, 如影, 如夢, 如響이 있는 것은 卽是空이다.

69 원문에 고소개별故疏改別은 세간世間을 세계世界로 고쳤다는 말이다.

말하기를 마누마라고 한 것은 중重의 뜻이니 곧 중화重化[70]라 하기에 지금에 다시 삼장법사에게 물으니[71] 마누마라고 한 것은 여기에서 말하면 의생意生이요 또한 말하기를 의성意成이라 하니 곧 의생신이다. 저 몸이 다시 변화를 일으키는 까닭이다 하였다.
해석하여 말하면 이 삼장법사의 해석도 또한 중화의 뜻이 있지만 다만 문장을 취한 것만 다를 뿐이다.[72]

저 진경의 소문에 제 여섯 번째 첩문한 의심을 해석한 것은 곧 지금 경에 소문과 같나니,
저 소문에 해석하여 말하기를 그림 영상이 마음의 벽을 따라 높고 낮음이 있는 것과 같은 까닭이다 하였다.

---

70 중화重化란, 彼身이 更起化也니 즉 저 몸이 거듭 다시 변화를 일으키는 것이다.

71 問이란, 현수賢首가 물은 것이다.

72 원문에 단취문但取文이라고 한 것은, 삼장三藏은 의생意生이라 하고, 고덕古德은 변화變化라 한 것만 다를 뿐 뜻은 다 통한다는 것이다.

經

又作是念호대 我當盡虛空遍法界의 於十方國土中에 行菩薩行호대 念念明達一切佛法하야 正念現前하야 無所取著하리라하니라

또 이와 같은 생각을 하기를 내가 마땅히 모든 허공계에 두루한 법계의 시방 국토 가운데 보살의 행을 행하되 생각생각에 일체 불법을 밝게 통달하여 바른 생각이 앞에 나타나 취착하는 바가 없을 것이다 하였습니다.

疏

二에 又作下는 遍周虛空하야 起加行故로 所以不著이니 初는 明處廣이요 念念明達은 彰其解廣이요 正念現前은 是不著因이라

두 번째 또 이와 같은 생각을 한다고 한 아래는 허공계에 두루하여[73] 가행을 일으키는 까닭으로 주착하지 않는 바이니
처음에는 처소가 광대함을 밝힌 것이요
생각생각에 일체 불법을 밝게 통달한다고 한 것은 그 지해(解)가 광대함을 밝힌 것이요
바른 생각이 앞에 나타난다고 한 것은 이것은 주착하지 않는 원인이다.

73 원문에 변주허공遍周虛空 운운은 영인본 화엄 6책, p.678, 3행, 후석이의後釋二意 가운데 第二意이다.

經

菩薩이 如是觀身無我하야 見佛無礙언만

보살이 이와 같이 몸이 아가 없는 줄 관찰하여 부처님을 걸림 없이 보건만은

疏

第三에 結行成滿中에 分三하리니 初는 結自行成이요 二에 爲化下는 結利他行成이요 三에 何以下는 徵釋하야 雙結二行成就라

제 세 번째 행이 원만함을 이름을 맺는 가운데 세 가지로 나누리니
처음에는 자분행自分行[74]을 이름을 맺는 것이요
두 번째 중생을 교화하기 위하여라고 한 아래는 이타행을 이름을 맺는 것이요
세 번째 무슨 까닭인가 한 아래는 묻고 해석하여[75] 두 가지 행을 성취함을 함께 맺는 것이다.

---

74 자분행自分行은 즉 자리自利이다.

75 원문에 징석徵釋은, 하이고何以故는 徵 즉 묻는 것이고, 그 아래 득무소착得無所著 운운은 釋 즉 해석이다. 그리고 쌍결雙結은 그 아래 시명보살是名菩薩 운운이다. 영인본 화엄 6책, p.690, 3행을 볼 것이다.

經

爲化衆生하야 演說諸法하야 令於佛法에 發生無量歡喜淨信케 하고 救護一切호대 心無疲厭하니

중생을 교화하기 위하여 모든 법을 연설하여 하여금 불법에 한량없는 환희와 맑은 믿음을 발생케 하고 일체중생을 구호하지만 마음이 피곤하거나 싫어함이 없나니

疏

二에 利他中三이니 初는 總顯敎化無疲라

두 번째 이타행 가운데 세 가지가 있나니
처음에는 교화하지만 피곤함이 없음을 한꺼번에 나타낸 것이다.

經

無疲厭故로 於一切世界에 若有衆生이 未成就하고 未調伏處인댄 悉詣於彼하야 方便化度호대 其中衆生의 種種音聲과 種種諸業과 種種取著과 種種施設과 種種和合과 種種流轉과 種種所作과 種種境界와 種種生과 種種沒을 以大誓願으로 安住其中하야 而教化之하고

피곤하거나 싫어함이 없는 까닭으로 일체 세계에 만약 한 중생이라도 성취하지 못하고 조복하지 못한 곳이 있다면 다 저곳에 나아가 방편으로 교화하여 제도하되 그 가운데 중생의 가지가지 음성과
가지가지 모든 업과
가지가지 취착하는 것과
가지가지 시설과
가지가지 화합과
가지가지 유전과
가지가지 하는 바와
가지가지 경계와
가지가지 생기하는 것과
가지가지 죽는 것을 큰 서원으로써 그 가운데 편안히 머물러 교화하고

疏

次에 無疲厭故下는 別示無厭之相이라 其中施設者는 隨方儀式異故요 和合者는 善惡緣會故니 餘可知니라

다음에 피곤하거나 싫어함이 없는 까닭이라고 한 아래는 싫어함이 없는 모습을 따로 보인 것이다.
그 가운데 시설이라고 한 것은 방소를 따라 의식이 다른 까닭이요 화합이라고 한 것은 선과 악의 인연이 회합하는 까닭이니,
나머지는 가히 알 수가 있을 것이다.

鈔

四에 施設下는 隨難別釋이라 而經云種種生者는 疏以易故로 不廣釋之어니와 今當重釋하리니 卽四生等이라 又緣起經에 說三種生하니 經中에 有一苾芻問言호대 世尊이시여 如是四種生身之相이 由生老死호대 有何差別이닛가하니 釋曰四種生身之相者는 謂名色六入觸受也라 經云호대 世尊告曰하사대 此四種生身之相이 若次第生하며 若屬彼生하며 若如是生이니다 世尊이시여 云何次第生身之相이닛가 世尊告曰하사대 於其最初에 有下種生하며(一) 從此無間하야 有漸增生하며(二) 從此無間하야 有出胎生하며(三) 從此無間하야 有漸長生하며(四) 旣成長已에 受用言說이 能得生이니(五) 卽受用生이니 如是品類가 名次第生이라하니라 次는 明屬彼生이니 經云호대 世尊이시여 此屬誰生이닛가 世尊告曰하사대 蘊界處生이니 都無有我니라 所

以者何고 以諸蘊等이 漸增長故로 在性無常하나니 卽無性法이 有此生相이라하니라 三은 明如是生이니 經云호대 世尊이시여 云何而生이닛가 世尊告曰하사대 由命根力하야 有暫時住하며 分限法故로 其性無常하나니 卽無常法이 如是而生이라하니라 涅槃十二에 說五種生하니 與上大同하니라 南經十一云호대 生者出相이니 所謂五種이니 一者는 初生이요 二者는 至終이요 三者는 增長이요 四者는 出胎요 五者는 種類라하니라 彼疏釋云호대 初言生者는 出相은 總顯生義요 下別顯中에 一에 初生者는 識支이니 是其一報之始일새 故名爲初요 報起名出이라 二에 至終者는 名色이니 望前所依하야 說以爲終이라 三에 增長者는 卽前名色이 增爲六入이니 此三胎中이라 四에 出胎는 可知라 五에 種類者는 出胎已後로 乃至老死히 一報之中에 運運新起가 皆名爲生이라하니라 釋曰然此五生이 卽前次第生이니 以彼第三이 爲此第四니라 初生은 卽下種이요 至終은 卽漸增이요 增長은 卽前漸長이요 出胎는 名同이요 種類는 卽前受用이라 涅槃增長은 意是胎內요 緣起經中엔 在於胎外니 小有異耳니라

네 번째 시설이라고 한 아래는 비난함을 따라 따로 해석한 것이다. 경문에 말하기를 가지가지 생기하는 것이라고 한 것은 소문에서 쉬운 까닭으로 널리 해석하지 않았거니와, 지금에 마땅히 거듭 해석하리니

곧 사생四生[76] 등이다.

---

76 사생四生은 태胎·란卵 등이다.

또 『연기경』[77]에 세 가지 생기하는 것을 설하였으니,

『연기경』 가운데 한 비구가 있어 물어 말하기를 세존이시여, 이와 같이 네 가지 생기하는 몸의 모습이 생·노·사를 인유하되 무슨 차별이 있습니까 하였으니

해석하여 말하면 네 가지 생기하는 몸의 모습이라고 한 것은 말하자면 명색과 육입과 촉觸과 수受이다.

『연기경』에 말하기를 세존이 일러 말씀하시기를[78] 이 네 가지 생기하는 몸의 모습이 혹 차례로 생기하기도 하며,

혹 저 오온 등에 붙어서 생기하기도 하며,

혹 이와 같이 생기하기도 한다.

세존이시여, 어떤 것이 차례로 생기하는 몸의 모습입니까

세존이 일러 말씀하시기를 그 최초에 종자를 심어 생기함이 있으며(一)

이로 좇아 간단없이 점점 증장하여 생기함이 있으며(二)

이로 좇아 간단없이 태중에서 나와 생기함이 있으며(三)

이로 좇아 간단없이 점점 성장하여 생기함이 있으며(四)

이미 성장한 이후에 말을 수용하는 것이 능히 생기함을 얻나니(五)

곧 수용이 생기하는 것이니, 이와 같은 품류가 이름이 차례로 생기하는 것이다 하였다.

---

77 『연기경緣起經』은 『분별연기초승법문경分別緣起初勝法門經』이다.

78 원문에 세존고왈世尊告曰은 上에 하유차별何有差別이라 한 질문質問에 이어서 답答하는 것이다.

다음에는 저 오온 등에 붙어서 생기함을 밝힌 것이니,
『연기경』에 말하기를 세존이시여, 이것은 어디에 붙어서 생기합니까.
세존이 일러 말씀하시기를 오온과 십팔계와 십이처에 붙어 생기하나니 모두 아가 없는 것이다.
무슨 까닭인가. 오온 등이 점점 증장하는 까닭으로 있는 자성이 영원함이 없나니,
곧 자성이 없는 법이 이 생기하는 모습이 있는 것이다 하였다.

세 번째는 이와 같이 생기함을 밝힌 것이니,
『연기경』에 말하기를 세존이시여, 어떻게 생기합니까.
세존이 일러 말씀하시기를 명근命根의 힘을 인유하여 잠시 머무는 것이 있으며,
분한의 법인 까닭으로 그 자성이 영원함이 없나니
곧 영원함이 없는 법이 이와 같이 생기하는 것이다 하였다.
『열반경』 십이권에 다섯 가지 생기함을 설하였으니
위에 『연기경』으로 더불어 크게는 같다.
『남장경』 십일권에 말하기를 생기한다고 한 것은 출생의 모습이니
말하자면 다섯 가지가 있나니
첫 번째는 처음 생기하는 것이요
두 번째는 마침에 이르는 것이요
세 번째는 증장하는 것이요
네 번째는 태중에서 나오는 것이요

다섯 번째는 종류이다 하였다.

저 『열반경』 소문에 해석하여 말하기를 처음에 생기한다고 한 것은 출생의 모습이라고 말한 것은 생기하는 뜻을 한꺼번에 나타낸 것이요

아래 따로 나타내는 가운데 첫 번째 처음 생기한다고 한 것은 식지識支이니,

이것은 그 한 과보의 시작이기에 그런 까닭으로 이름을 처음(初)이라 하는 것이요

과보가 생기하는 것을 출생[79]이라 이름하는 것이다.

두 번째 마침에 이른다[80]고 한 것은 명색名色이니,

앞에 의지할 바[81]를 바라보아 마침에 이른다고 말한 것이다.

세 번째 증장한다고 한 것은 곧 앞에 명색이 증장하여 육입이 되는 것이니,

이 세 가지는 태중에 있는 것이다.

네 번째 태중에서 나온다고 한 것은 가히 알 수가 있을 것이다.

다섯 번째 종류라고 한 것은 태중에서 나온 이후로 이에 늙고 죽음에 이르기까지 한 과보 가운데 돌고 돌아 새롭게 생기하는 것이 다 이름이 생기(生)함이 된다 하였다.

---

79 원문에 出은 生 자로 보기도 하나, 출생出生이라 번역하면 모두 다 허물이 없다.

80 원문에 지종至終은 곧 초생지종初生之終이요, 명종지종命終之終이 아니니 초생初生이 마침에 명색名色에 이르는 것이다.

81 원문에 전소의前所依란, 곧 초생初生이니 명색名色이 의지依止할 바이다.

해석하여 말하면 그러나 이 다섯 가지 생기하는 것이 곧 앞에『연기경』의 차례로 생기한다 한 것이니,
저『연기경』의 제 세 번째가 이『열반경』의 제 네 번째가 되는 것이다.
처음 생기한다고 한 것은 곧 앞[82]에 종자를 심는다고 한 것이요
마침에 이른다고 한 것은 곧 앞에 점점 증장한다고 한 것이요
증장한다고 한 것 곧 앞에 점점 성장한다 한 것이요
태중에서 나온다고 한 것은 앞에 이름과 같은 것이요
종류라고 한 것은 곧 앞에 수용이라 한 것이다.
『열반경』에 증장한다고 한 것은 뜻이 태胎 안에 있고,『연기경』가운데는 태 밖에 있나니
조금 다름이 있을 뿐이다.

經云種種沒者는 或延或促하며 三性等殊하며 亦卽九種命終이라 緣起經中엔 說六種死하니 經云호대 卽於此四生身相中에 復有六種死의 差別相하니 一者는 究竟死요 二者는 不究竟死요 三者는 自相死요 四者는 不究竟死分의 差別相이요 五者는 究竟死分의 差別相이요 六者는 時非時死라하니라 彼釋曰究竟死者는 謂業盡死요 不究竟死者는 翻上이니 應知니라 自相死者는 謂識離身에 諸根滅沒이요 不究竟死分의 差別相者는 謂業不盡中에 隨緣多種이요 究竟死分의 差別相者는 謂業盡中에 隨緣多種이요 時非時死者는 謂八萬歲로 至十歲

82 앞이란,『연기경』이다.

히 或依時命終하며 或不依時命終이라하니라 涅槃十二云호대 死者는 捨所愛身이니 有二種이라 一은 命盡死니 此有三種이라 一은 命盡이언정 非是福盡이니 謂正報雖亡이나 依報猶在故요 二는 福盡이언정 非是命盡이니 謂依報滅壞나 正報猶在요 三은 福命俱盡이니 謂依正俱亡이라 二는 外緣死니 亦有三種이라 一은 非分自害요 二는 橫爲他害요 三은 俱害라 又有三種하니 一은 放逸死니 謂有謗大乘과 方等般若波羅蜜이요 二는 破戒死니 謂有毁犯去來現在에 佛所制戒요 三은 壞命根死니 謂捨五陰身이라하니 今此菩薩이 悉並委知니라

지금 경에 말하기를 가지가지 죽는 것이라고 한 것은 혹은 늦게 죽기도 하고 혹은 빨리 죽기도 하며,
삼성三性 등에 따라 다르며[83]
또한 곧 구류로 목숨이 마치는 것[84]이다.
『연기경』 가운데는 여섯 가지 죽음을 설하였으니,
『연기경』에 말하기를 곧 이 네 가지 생기하는 몸의 모습 가운데 다시 여섯 가지 죽는 차별한 모습이 있나니
첫 번째는 구경에 죽는 것이요
두 번째는 구경이 아닌데 죽는 것[85]이요

---

83 원문에 삼성등수三性等殊는 죽음에 선사善死와 악사惡死와 무기사無記死가 있다는 것이다.

84 원문에 구류명종九類命終은 구류중생九類衆生이 선악업善惡業의 지음에 따라 태어나고 죽는 것이 다르다는 것이니, 성자권成字卷 下, 31장, 上, 5행과 주자권珠字卷 36장, 下, 1행에도 있다.

세 번째는 자상自相이 죽는 것이요
네 번째는 구경이 아닌데 죽는 분의 차별한 모습이요
다섯 번째는 구경에 죽는 분의 차별한 모습이요
여섯 번째는 때에 죽고 때가 아닌데 죽는 것이다 하였다.
저 『연기경』에 해석하여 말하기를 구경에 죽는다고 한 것은 말하자면 업이 다함에 죽는 것이요
구경이 아닌데 죽는다고 한 것은 위에 말을 번복한 것이니
응당 알 수가 있을 것이다.
자상이 죽는다고 한 것은 말하자면 식識이 몸을 떠남에 육근이 사라져 죽는 것이요
구경이 아닌데 죽는 분의 차별한 모습이라고 한 것은 말하자면 업이 다하지 아니한 가운데 인연을 따라 죽는 종류가 많은 것이요
구경에 죽는 분의 차별한 모습이라고 한 것은 말하자면 업이 다한 가운데 인연을 따라 죽는 종류가 많은 것이요
때에 죽고 때가 아닌데 죽는다고 한 것은 팔만세로부터 십세에 이르기까지 혹은 때를 의지하여 목숨이 마치며,
혹은 때를 의지하지 아니하여 목숨이 마친다 하였다.

『열반경』 십이권에 말하기를 죽는다고 한 것은 애착하는 바 몸을 버리는 것이니

---

85 원문에 불구경사不究竟死는 끝내 죽을 때가 아닌데 죽는 것이니 곧 자살과 같은 것이다.

두 가지가 있다.

첫 번째[86]는 목숨이 다함에 죽는 것이니

여기에 세 가지가 있다.

첫 번째는 목숨이 다한 것일지언정 복이 다한 것이 아니니,

말하자면 정보는 비록 없어졌지만 의보는 오히려 있는[87] 까닭이요

두 번째는 복이 다한 것일지언정 목숨이 다한 것이 아니니,

말하자면 의보는 괴멸하였지만 정보는 오히려 있는 것이요

세 번째는 복과 목숨이 함께 다한 것이니,

말하자면 의보와 정보가 함께 없는 것이다.

두 번째[88]는 외연外緣이 죽는 것이니

또한 세 가지가 있다.

첫 번째는 죽을 분이 아니지만 자해하여 죽는[89] 것이요

두 번째는 횡으로 다른 사람이 해하여 죽는 것이요

세 번째는 함께 해하여 죽는 것이다.

또 세 가지가 있나니

첫 번째는 방일하여 죽는 것이니,

말하자면 어떤 사람이 대승과 방등과 반야바라밀을 비방한 것이요

두 번째는 파계하여 죽은 것이니,

---

86 원문에 一은 內緣이다.

87 원문에 정보수망正報雖亡이나 의보유재依報猶在라고 한 것은, 몸은 죽었으나 田地는 있다는 것이다.

88 원문에 二는 外緣이다

89 원문에 비분자해非分自害라고 한 것은 앞에 말한 불구경사不究竟死와 같다.

말하자면 어떤 사람이 과거와 미래와 현재에 부처님이 제정한 바 계율을 훼손하고 범한 것이요
세 번째는 명근이 괴멸하여 죽은 것이니,
말하자면 오음신을 버리는 것이다 하였으니,
지금에 이 보살[90]이 다 아울러 자세히 아는 것이다.

---

90 이 보살菩薩이란, 무착행보살無着行菩薩이다.

經

不令其心으로 有動有退하며 亦不一念도 生染著想하나니

그 마음으로 하여금 움직이지도 않고 물러나지도 않게 하며 또한 한 생각도 염착하는 생각을 내지 않게 하나니

疏

後에 不令下는 結成無著이라

뒤에 그 마음으로 하여금 움직이지도 않고 물러나지도 않게 한다고 한 아래는 주착함이 없음을 맺어 성립한 것이다.

經

何以故요 得無所著하고 無所依故로 自利利他가 清淨滿足하나니 是名菩薩摩訶薩의 第七無著行이니라

무슨 까닭인가.
주착하는 바가 없고 의지하는 바가 없음을 얻은 까닭으로 자리와 이타가 청정하여 만족하나니,
이것이 이름이 보살마하살의 제 일곱 번째 주착함이 없는 행입니다.

疏

三은 徵釋雙結이니 可知라

세 번째는 묻고 해석하여 함께 맺는[91] 것이니
가히 알 수가 있을 것이다.[92]

---

91 함께 맺는다고 한 것은, 앞에서는 자리와 이타를 함께 맺는다고 하였다.

92 원문에 可知라고 한 것은, 何以故는 徵이고 其下는 釋이고 是名菩薩下는 雙結임을 가히 알 수가 있다는 것이다.

經

佛子야 何等이 爲菩薩摩訶薩의 難得行고

불자여, 어떤 등이 보살마하살의 얻기 어려운 행이 되는가.

疏

第八은 難得行이니 體卽是願이라

제 여덟 번째는 얻기 어려운 행이니
자체가 곧 서원이다.

經

此菩薩이 成就難得善根과 難伏善根과 最勝善根과 不可壞善根과 無能過善根과 不思議善根과 無盡善根과 自在力善根과 大威德善根과 與一切佛로 同一性善根하니라

이 보살이 얻기 어려운 선근과
절복하기 어려운 선근과
가장 수승한 선근과
가히 무너뜨릴 수 없는 선근과
능히 지날 수 없는 선근과
사의할 수 없는 선근과
끝이 없는 선근과
자재한 힘의 선근과
큰 위덕의 선근과
일체 부처님으로 더불어 동일한 자성의 선근을 성취하였습니다.

疏

就釋相中하야 文分二別하리니 前은 明自分行이요 後는 明勝進行이라 然此二行이 各攝上求와 下化之願이나 略無神通하니라

행의 모습을 해석한 가운데 나아가 경문을 두 가지로 다르게 나누리니

앞에는 자분행을 밝힌 것이요
뒤에는 승진행을 밝힌 것이다.
그러나 이 두 가지 행이 각각 상구보리와 하화중생의 서원을 섭수하였지만 신통은 생략하고 없다.

鈔

各攝上求下化等者는 以唯識中에 有二種願하니 一은 求菩提願이요 二는 利樂他願이라 釋相可知라 初卽上求故라 本業에 有三願하니 一은 自行願이니 卽是上求요 二는 神通願이니 今經略無라 三은 外化願이니 後二는 皆是下化願也니라 故擧上求下化하야 卽攝唯識二願과 本業三願하니 以本業第二가 外化攝故니라

각각 상구보리와 하화중생의 서원을 섭수하였다고 한 등은 『유식론』 가운데 두 가지 서원이 있나니
첫 번째는 보리를 구하는 서원이요
두 번째는 다른 사람을 이락케 하는 서원이다.
행의 모습을 해석한 것은 가히 알 수가 있을 것이다.
처음 자분행은 곧 상구보리인 까닭이다.[93]

『본업경』에 세 가지 서원이 있나니
첫 번째는 자기의 수행을 서원하는 것이니 곧 상구보리요

---

93 원문에 초즉初卽 운운은, 初는 卽上求故요 次는 卽下化故라.

두 번째는 신통을 서원하는 것이니 지금 경에는 생략되어 없다. 세 번째는 밖으로 교화하기를 서원하는 것이니 뒤에 두 가지는 다 하화중생의 서원이다.
그런 까닭으로 상구보리와 하화중생을 거론하여 곧 『유식론』의 두 가지 서원과 『본업경』의 세 가지 서원을 섭수하였으니, 『본업경』의 제 두 번째 서원이 제 세 번째 밖으로 교화함에 섭수되는 까닭이다.

疏

今初分四리니 初는 明自行이요 次는 辨利他요 第三은 雙結二行이니 動寂無礙요 第四는 雙非二行이니 拂迹入玄이라 初中分三하리니 一은 明修成善根이요 二는 顯善根行相이요 三은 行成利益이라 今初也니 斯卽起行所依니 善은 謂順理益物이요 根은 謂增上生長이니 獲之在己일새 故名成就니라 文有十句하니 初總餘別이라 總具後九일새 受難得名이라

지금은 처음으로 네 가지로 나누리니
처음에는 자분행을 밝힌 것이요
다음에는 이타행을 분별한 것이요
제 세 번째는 두 가지 행을 함께 맺는 것이니 움직이고 고요한 것이 걸림이 없는 것이요
제 네 번째는 두 가지 행을 함께 부정하는 것이니 자취를 떨치고

현묘함에 들어가는 것이다.

처음 자분행 가운데 세 가지로 나누리니
첫 번째는 선근을 닦아 이름을 밝힌 것이요
두 번째는 선근행의 모습을 나타낸 것이요
세 번째는 행이 이익을 이루는 것이다.
지금은 처음으로 이것은 곧 행의 의지할 바를 일으키는 것이니
선善이라고 한 것은 말하자면 진리에 순하여 중생을 이익케 하는 것이요
근根이라고 한 것은 말하자면 증상연으로 생장하는 것이니,
그 선근을 얻는 것이 자기에게 있기에 그런 까닭으로 성취한다 이름하는 것이다.
경문에 열 구절이 있나니
처음 구절은 총구요,
나머지 구절은 별구이다.
총구가 뒤에 아홉 구절을 갖추었기에 얻기 어렵다는 이름을 받는 것이다.

經

此菩薩이 修諸行時에 於佛法中에 得最勝解하며 於佛菩提에 得廣大解하며 於菩薩願에 未曾休息하며 盡一切劫토록 心無疲倦하며 於一切苦에 不生厭離하며 一切衆魔가 所不能動하며 一切諸佛之所護念하며 具行一切菩薩苦行하며 修菩薩行호대 精勤匪懈하며 於大乘願에 恒不退轉하나니

이 보살이 모든 행을 닦을 때에 불법 가운데 가장 수승한 지해를 얻으며
부처님의 보리에 광대한 지해를 얻으며
보살의 서원에 일찍이 휴식하지 아니하며
일체 세월이 다하도록 마음이 피곤하거나 게으름이 없으며
일체 고통에 싫어하여 떠나는 생각을 내지 아니하며
일체 수많은 마군이 능히 움직이지 못하는 바이며
일체 모든 부처님이 보호하고 생각하는 바이며
일체 보살의 고행을 갖추어 행하며
보살의 행을 닦되 부지런하여 게으르지 아니하며
대승의 서원에 항상 물러가지 아니하나니

疏

二에 此菩薩下는 顯善根行相이라 亦有十句하니 如次對前리니 謂由得最勝解故로 受難得名等이라

두 번째 이 보살이라고 한 아래는 선근행의 모습을 나타낸 것이다.
또한 열 구절이 있나니
차례와 같이 앞[94]을 상대하리니,
말하자면 가장 수승한 지해를 얻음을 인유한 까닭으로 얻기 어렵다는 이름을 받는다 한 등이다.

鈔

由得最勝解者는 此有三釋하니 初는 以後成前이니 卽後因前果라

가장 수승한 지해를 얻음을 인유한 까닭이라고 한 것은 여기에 세 가지 해석이 있나니
처음에는 뒤로써 앞[95]을 성립한 것이니,
곧 뒤는 원인이요
앞은 결과이다.

疏

亦可由有難得根하야 能有勝解니라

또한 가히 얻기 어려운 선근이 있음을 인유하여 능히 수승한 지해가 있는 것이다.

---

94 앞이란, 영인본 화엄 6책, p.690, 8행에 십선근十善根이다.
95 뒤란, 십선근행十善根行이고 앞이란, 십선근十善根이다.

鈔

二에 亦可由有難得下는 以前成後니 卽前體後用이라

두 번째 또한 가히 얻기 어려운 선근이 있음을 인유한다고 한 아래는 앞으로써 뒤를 성립한 것이니,
곧 앞은 자체요
뒤는 작용이다.

疏

又亦以後一行으로 成前十善하고 隨前一善하야 具後十行하니 而別配가 分明하니라

또 역시 뒤에 한 선근행으로써 앞에 십선근을 성립하고, 앞에 한 선근을 따라 뒤에 십선근 행을 갖추었으니
따로 배석配釋한 것이 분명하다.

鈔

三에 又亦以後一下는 通相釋成이라 亦具前二意나 但前別配요 後遍通耳라 故疏結從前義云호대 別配分明이라하니라

세 번째 또 역시 뒤에 한 선근행이라고 한 아래는 모든 모습[96]을

해석하여 성립한 것이다.

또한 앞에 두 가지 뜻을 갖추었지만 다만 앞은 따로 배석配釋한 것이요

뒤는 두루 통석通釋한 것이다.

그런 까닭으로 소문에 종전從前의 뜻을 맺어 말하기를 따로 배석한 것이 분명하다 하였다.

96 원문에 통상通相이란, 십선근十善根과 십선근행十善根行의 相이다.

經

是菩薩이 安住此難得行已에 於念念中에 能轉阿僧祇劫生死호대 而不捨菩薩大願할새 若有衆生이라도 承事供養하며 乃至見聞인댄 皆於阿耨多羅三藐三菩提에 得不退轉하니라

이 보살이 이 얻기 어려운 행에 편안히 머문 이후에 생각 생각 가운데 능히 아승지 세월토록 생사에 유전하였지만 보살의 큰 서원을 버리지 아니하였기에 만약 어떤 중생이라도 받들어 섬기고 공양하며 내지 친견하고 듣는다면 아뇩다라삼먁삼보리에 물러나지 아니함을 얻게 합니다.

疏

三에 是菩薩下는 行成利益이라 文中先은 結前이요 後에 於念念下는 顯益이라 於中初는 自益이니 能轉生死는 成大智益이요 不捨大願은 成大悲益이요 若有已下는 顯能益他니 由前自行하야 成此能益이언정 未正利他니라

세 번째 이 보살이라고 한 아래는 행이[97] 이익을 이루게 하는 것이다.
경문 가운데 먼저는 앞에 말을 맺는 것이요
뒤에 생각생각 가운데라고 한 아래는 이익을 나타낸 것이다.

97 行成의 行이란, 自行이니 偈頌에는 自行이라 하였다.

그 가운데 처음에는 스스로 이익을 이룬 것이니,

능히 생사에 유전한다고 한 것은 대지大智의 이익을 이룬 것이요

큰 서원을 버리지 않았다고 한 것은 대비大悲의 이익을 이룬 것이요

만약 어떤 중생이라고 한 이하는 능히 다른 사람을 이익케 함을 나타낸 것이니,

앞에 자분행을 인유하여 여기에 능히 다른 사람을 이익케 함을 성립한 것일지언정 바른 이타는 아니다.

經

此菩薩이 雖了衆生非有나 而不捨一切衆生界하나니

이 보살이 비록 중생이 있지 아니한 줄 알지만 그러나 일체중생의 세계를 버리지 않나니

疏

第二에 此菩薩下는 辨利他行이라 文分爲三하리니 謂法喩合이라 今初니 謂有大智故로 了衆生非有니 則不住生死요 有大悲故로 不捨衆生界니 則不住涅槃이라 大悲般若가 互相輔翼하야 成無住道니라

제 두 번째 이 보살이라고 한 아래는 이타의 행을 분별한 것이다.
경문을 나누어 세 가지로 하리니,
말하자면 법과 비유와 법합이다.
지금은 처음으로 말하자면 큰 지혜가 있는 까닭으로 중생이 있지 아니한 줄 아나니 곧 생사에 머물지 않는 것이요
큰 자비가 있는 까닭으로 중생의 세계를 버리지 않나니 곧 열반에 머물지 않는 것이다.
큰 자비와 큰 지혜(般若)가 서로서로 도와 머무름이 없는 도를 이루는 것이다.

經

譬如船師가 不住此岸하며 不住彼岸하며 不住中流나 而能運度此岸衆生하야 至於彼岸케하나니 以往返에 無休息故니라

비유하자면 뱃사공(船師)이 이쪽 언덕에도 머물지 아니하며 저쪽 언덕에도 머물지 아니하며 강의 중간에도 머물지 않지만 그러나 능히 이쪽 언덕의 중생을 싣고 건너 저쪽 언덕에 이르게 하나니 가고 돌아옴에 쉼 없이 하는 것[98]과 같은 까닭입니다.

疏

二에 喩中에 初句는 喩能化요 次三句는 喩悲智不住之行相이요 後에 而能下三句는 喩不住之功能이니 初二句는 正喩功能이요 以往返不息一句는 結能度所以라

두 번째 비유 가운데 처음 구절은 능히 교화하는 것을 비유한 것이요 다음에 세 구절은 자비와 지혜가 머물지 않는 행의 모습을 비유한 것이요

뒤에 능히 이쪽 언덕의 중생을 싣고 건넌다고 한 아래에 세 구절은 머물지 않는 공능을 비유한 것이니

처음에 두 구절은 바로 공능을 비유한 것이요

---

98 원문에 왕반무휴식往返無休息이라고 한 것은 중생衆生을 제도하려 쉼 없이 가고 돌아온다(往返)는 것이다.

가고 돌아옴에 쉼 없이 한다고 한 한 구절은 능히 건너는 까닭을 맺는 것이다.

經

菩薩摩訶薩도 亦復如是하야 不住生死하며 不住涅槃하며 亦復不住生死中流나 而能運度此岸衆生하야 置於彼岸의 安隱無畏하고 無憂惱處하며 亦不於衆生數에 而有所著하며 不捨一衆生하고 著多衆生하며 不捨多衆生하고 著一衆生하며 不增衆生界하며 不減衆生界하며 不生衆生界하며 不滅衆生界하며 不盡衆生界하며 不長衆生界하며 不分別衆生界하며 不二衆生界하니라

보살마하살도 또한 다시 이와 같아서 생사에도 머물지 아니하며 열반에도 머물지 아니하며 또한 다시 생사의 중간에도 머물지 않지만 그러나 능히 이쪽 언덕에 중생을 싣고 건너 저쪽 언덕의 안은하고 두려움이 없고 근심과 고뇌가 없는 곳에 두며
또한 중생의 수에 집착하는 바가 있지 아니하며
한 중생을 버리고 수많은 중생에게 집착하지 아니하며
수많은 중생을 버리고 한 중생에게 집착하지 아니하며
중생의 세계를 증장하지 아니하며
중생의 세계를 감소하지 아니하며
중생의 세계를 생기하지 아니하며
중생의 세계를 소멸하지 아니하며
중생의 세계를 다하지 아니하며
중생의 세계를 생장하지 아니하며
중생의 세계를 분별하지 아니하며

중생의 세계를 둘로 나누지 않습니다.

疏

三에 法合中二니 先은 正合이요 後는 徵釋이라 前中에 具合三段이니 生死는 卽此岸이요 涅槃은 合彼岸이요 合上中流호대 亦言生死者는 以發心之後와 成佛之前에 十地三賢이 尙居二死니 是以中流가 卽是生死일새 故云生死中流언정 非生死涅槃之中間을 名生死中也니 文旨顯然하니라 晉譯失旨하니 不應廣引하니라

세 번째 법합 가운데 두 가지가 있나니
먼저는 바로 법합한 것이요
뒤에는 묻고 해석한 것이다.
앞의 바로 법합한 가운데 삼단으로 갖추어 법합하였으니
생사는 곧 이쪽 언덕에 법합한 것이요
열반은 저쪽 언덕에 법합한 것이요
위[99]에 강江의 중간을 법합하되 또한 생사라고 말한 것은 발심한 이후와 성불하기 직전에 십지와 삼현이 오히려 두 가지 생사[100]에 머무나니, 이런 까닭으로 중간中流이 곧 생사이기에 그런 까닭으로 생사의 중간이라 말한 것일지언정 생사와 열반의 중간을 생사의

99 위란, 영인본 화엄 6책, p.694, 1행 비유이다.

100 원문에 이사二死는, 삼현三賢은 분단생사分段生死이고 십지十地는 변역생사變易生死이다.

중간이라 이름한 것이 아니니,
경문에 그 뜻이 밝게 나타나 있다.
진역경은 뜻을 잃었으니 응당 널리 인용하지 않는다.

鈔

合上中流者는 疏文有三하니 一은 依疏釋이니 意云中流도 亦合上生死故라 二에 非生死涅槃之中下는 結彈異釋이라 先總標니 以古今에 皆謂二法中間이라할새 故有問云호대 中流가 不唯屬於此岸거늘 何以偏名生死中流고하니라 晉經失旨者는 卽引破刊定이니 刊定이 先擧向問하고 後引古釋거니와 以晉譯失意어니 古釋豈是리요 晉經云호대 譬如河水가 不至此岸하며 不住彼岸하며 不斷中流라하니 故古釋非一거늘 苑公並引之일새 故今總非라하니 恐後誤解니라 須知昔非일새 今抄爲引하리라

위에 강의 중간을 법합한다고 한 것은 소문에 세 가지가[101] 있나니
첫 번째는 소문의 해석을 의거한 것이니,
그 뜻에 말하기를 중간도 또한 위의 생사[102]에 법합한 까닭이다.
두 번째 생사와 열반의 중간이 아니라고 한 아래는 다른 해석을 맺어서 탄핵한 것이다.

101 세 가지란, 두 가지는 여기 초문과 같고 세 번째는 다른 해석을 회통하여 취한 것이다.

102 원문에 상생사上生死란, 부주생사不住生死라 한 생사生死이다.

먼저는 한꺼번에 표한 것이니,
고금古今[103]에 다 말하기를 두 법의 중간[104]이라 하기에 그런 까닭으로 어떤 사람이 물어 말하기를 강의 중간이 오직 이쪽 언덕에만 속하는 것이 아니거늘 어찌 생사의 중간이라 이름하는가 하였다.

진역경은 뜻을 잃었다고 한 것은 곧 『간정기刊定記』를 이끌어 깨뜨린 것이니
『간정기』가 먼저 향래의 질문을 거론하고 뒤에 옛날의 해석을 인용하였거니와, 진역경이 뜻을 잃었거니 옛날의 해석[105]이 어찌 옳겠는가.
진역경에 말하기를 비유하자면 강물이 이쪽 언덕에도 이르지 아니하며 저쪽 언덕에도 머물지 아니하며 강의 중간에도 끊어지지 않는다 하였으니,
그런 까닭으로 옛날의 해석이 하나가 아니거늘 혜원慧苑이 모두 인용하였기에 그런 까닭으로 지금에 모두 아니다 하였으니,
뒤에 오해할까 염려한 것이다.
반드시 옛날의 해석이 잘못임을 알아야 하기에 지금 초문에 인용하겠다.

一은 遠公云호대 前에 不趣二處는 是離有요 後에 不住中流는 是離無

103 고금古今은, 고古는 택주 혜원慧遠과 현수賢首이고 금今은 『간정기』이다.
104 원문에 이법중간二法中間이란, 생사生死와 열반涅槃의 중간中間이다.
105 원문에 古釋이란, 혜원慧遠스님과 현수賢首스님의 해석이다.

니 謂生死無處가 名斷中流이니 不住無故로 云不住中流也라하니라 二는 賢首云호대 如東流水가 不住南岸하며 不住北岸하며 亦得說言不斷北岸中流니 以中無別體하야 約岸分故니라 若爾인댄 南岸亦得거니 何以로 不言涅槃中流고 由所度生이 在此岸故니라 所以로 偏就生死而說라하얏거늘 而刊定이 具引竟云호대 今助釋之하노니 意乃有二라 初會文이요 後釋義라 初中에 新舊經本에 說喩不同하니 謂舊經은 約河水가 不趣兩岸하며 不斷中流하야 爲喩니 喩菩薩이 以離有無한 悲智로 度衆生也요 新經은 約船師가 不住兩岸하야 爲喩니 喩菩薩이 以無住悲智로 度衆生也라 問이라 若爾梵本이 豈有異耶아 答이라 梵本是一이나 由譯者異니 謂此梵文에 雖云河水라하나 意屬船師라 卽是於能依聲處에 作所依聲說이니 是譯者가 若善文義인댄 則會意譯之하야 爲船師어니와 若但知文인댄 則按文譯之하야 爲河水리라 二에 釋義者는 卽準此文인댄 有二種中流하니 一者는 生死中流니 謂南岸中間이 處自別故라 此則存二之中이 名生死中流니 如是見者는 不絶生死故요 二者는 涅槃中流니 謂離此彼岸이 卽爲中流언정 更無別處니라 此則泯二之中이 名涅槃中流니 如是知者는 必證涅槃故니라 今此喩中엔 喩菩薩이 大智故로 不住生死하고 大悲故로 不住涅槃하며 悲智가 唯是一心일새 不住生死時가 卽不住涅槃이니 以無住故니라 故但云爾이라하니라

첫 번째는 혜원慧遠스님이[106] 말하기를 앞에 두 곳[107]에 나아가지

106 혜원慧遠스님이라고 한 등은 혜원스님(遠公)의 뜻에 말하기를 생사와 열반의

아니한 것은 이것은 유有를 떠난 것이요
뒤에 중간에도 머물지 아니한 것은 이것은 무無를 떠난 것이니, 말하자면 생사가 없는 곳이 중간도 끊어졌다 이름하는 것이니 무無에 머물지 않는 까닭으로 말하기를 중간에도 머물지 않는다 하였다.
두 번째는 현수스님이[108] 말하기를 동쪽으로 흐르는 물이 남쪽 언덕에도 머물지 아니하며 북쪽 언덕에도 머물지 아니하며 또한 북쪽 언덕의 중류에도 끊어지지 않는다[109]고 말함을 얻나니,

---

두 곳이 없는 것으로써 머물지 아니함을 삼는다 하였다. 이미 머물지 않는다고 말하였다면 곧 이것은 유有를 떠난 것이요, 두 곳에 나아가지 않는 것이 이것이 중류中流이거늘, 지금에 이미 머물지 않는다고 말한 까닭으로 이것은 무無를 떠난 것이니, 이것은 두 곳이 없는 것으로써 중류라 말하는 것이다. 다만 생사만 거론한 것은 열반을 그윽이 생략한 까닭이다. 혹은 두 곳을 생사라 이름하는 것이 있나니 위의 두 곳 가운데 생사와는 같지 않는 까닭이다. 비유에 나아간즉 강물이 만약 저 중류에서 끊겼다면 곧 이것은 없는 것이다. 지금에는 이미 끊어지지 아니한 까닭으로 무無를 떠났다 하였거니와, 만약 법합문法合文을 상대한다면 바로 아래 단중류斷中流라는 세 글자는 모두 중류中流라는 두 글자에 해당하고, 불자不字는 이 부주不住라는 글자에 해당하나니 생각하면 가히 볼 수 있을 것이다. 이상은 『잡화기』의 말이다.

107 원문에 이처二處란, 차안此岸과 피안彼岸이다.

108 현수스님이라고 한 등은 현수스님의 뜻에 말하기를 앞에 혜원스님은 곧 다만 생사와 열반에 두 곳이 없는 것으로 중류를 삼았고, 지금에는 생사와 열반의 두 곳 가운데로써 중류를 삼았다. 다만 중류라고만 말하지 않고 반드시 언덕(岸)을 대동하고 말한 것은 중류는 다른 자체가 없고 언덕을 잡은 연후에 가히 나눌 수 있는 까닭이니, 만약 언덕을 대동하지 않는다면 무엇을 의지하여 중류를 말하겠는가. 역시 『잡화기』의 말이다.

109 북쪽 언덕의 중류에도 끊어지지 않는다고 한 것은 만약 끊어진다면 곧

중간이 따로 자체가 없어서 언덕을 잡아 나눈 까닭이다.
만약 그렇다면 남쪽 언덕도 또한 그러함을 얻어야 하거니 무슨 까닭으로 열반의 중류라 말하지 않는가.
제도할 바 중생이 이쪽 언덕에 있음을 인유한 까닭이다.
그런 까닭으로 치우쳐 생사에 나아가 설한 것이다 하였거늘, 『간정기』가 갖추어 인용하여 마치고 말하기를 지금에 그 해석을 도와서 해석하노니 뜻이 이에 두 가지가 있다.
처음에는 경문을 아는 것이요
뒤에는 뜻을 해석하는 것이다.
처음 경문을 아는 가운데 신역경과 구역경본本에 비유를 설한 것이 같지 않나니,
말하자면 구역경은 강물이 두 언덕에도 나아가지 아니하며 중간에도 끊어지지 않는다고 함을 잡아서 비유한 것이니,
보살이 유와 무를 떠난 자비와 지혜로써 중생을 제도함에 비유한 것이요
신역경은 뱃사공이 두 언덕에도 머물지 않는다고 함을 잡아서 비유한 것이니,
보살이 머무름이 없는 자비와 지혜로써 중생을 제도함에 비유한 것이다.

이 물이 이 중간에 머무는 것이거늘, 지금에는 이미 끊어지지 않는다고 말한 까닭으로 혹은 머물지 않는다고 말한 것이니 이것은 곧 끊어진다는 것이 이 머문다는 뜻이니, 위에 혜원스님의 뜻 가운데 끊어지지 않는다는(不斷) 글자로 더불어 같지 않는 것이다. 역시 『잡화기』의 말이다.

묻겠다.

만약 그렇다면 범본이 어찌 두 가지가 있겠는가.

답하겠다.

범본은 하나이지만 번역한 사람을 인유하여 다르나니,

말하자면 이 범본 경문에서 비록 강물(河水)이라 하였지만 그 뜻은 뱃사공(船師)에 속하는 것이다.

곧 이것은 능히 의지할 음성의 처소에 의지할 바[110] 음성의 말을 짓는 것이니,

번역하는 사람이 만약 경문의 뜻을 잘 알았다면 곧 그 뜻을 알아 번역하여 뱃사공이라 하였을 것이어니와, 만약 다만 경문만 알았다면 곧 경문만 안찰하여 강물(河水)이라 말하였을 것이다.

두 번째 뜻을 해석한다고 한 것은 곧 이 경문을 기준한다면 두 가지 중류中流가 있나니

첫 번째는 생사의 중간이니,

말하자면 남쪽 언덕[111]과 중간이[112] 그 처소가 스스로 다른 까닭이다.

---

110 能緣은 뱃사공(船師)이고, 所依는 강물(河水)이다. 『잡화기』도 이와 같이 말하였다.

111 원문에 남안南岸은 양안兩岸이 아닌가 싶다. 남안南岸이라고 한다면 남쪽을 들어 북쪽을 그윽이 나타낸 것이니, 남쪽과 북쪽의 두 언덕이 된다.

112 남쪽 언덕과 중간이라 운운한 것은 그 뜻에 말하기를 남쪽 언덕과 중간이 북쪽 언덕으로 더불어 그 처소가 스스로 다른 것이니, 이미 세 곳의 처소가 각각 다른 까닭으로 두 가지가 있는 두 가지 언덕에 중간이 있는 뜻을 이루는 것이다. 그러나 『회현기』에도 또한 여기와 같이 남南 자로 되어 있으나 바로 양兩 자로 하는 것만 같지 못한 것이다. 역시 『잡화기』의 말이다.

이것은 곧 두 가지가 있는 중간이 이름이 생사의 중류이니,
이와 같이 보는 사람은 생사를 끊을 수 없는[113] 까닭이요
두 번째는 열반의 중류이니,
말하자면 이쪽 언덕과 저쪽 언덕을 떠난 것이 곧 중류가 될지언정
다시 다른 처소가 없는 것이다.[114]
이것은 곧 두 가지가 없는 중간[115]이 이름이 열반의 중류이니,
이와 같이 아는 사람은 반드시 열반을 증득하는 까닭이다.
지금에 이 비유[116] 가운데는 보살이 큰 지혜가 있는 까닭으로 생사에 머물지 않고, 큰 자비가[117] 있는 까닭으로 열반에 머물지 아니하며,

---

113 원문에 여시견자如是見者는 부절생사不絶生死라고 한 것은 생사生死를 떠나 열반涅槃을 구하는 까닭으로 아직 날짜를 면하지 못한 것이니, 마치 대주大珠스님이 말하기를 열반을 구하는 생사生死의 업業이 된다 한 것과 같다.

114 다시 다른 처소가 없다고 한 것은 그 뜻에 말하기를 이 중류가 저쪽 언덕과 이쪽 언덕을 떠나 있을지언정 다시 다른 곳에 이 중류가 있는 것이 아니니, 두 쪽의 언덕이 없는 것이 곧 이 중류라고 말한 것은 아니다.

115 원문에 민이지중泯二之中이라고 한 것은 곧 생사중류生死中流의 생사生死가 위의 부주생사不住生死의 생사生死로 더불어 같지 않나니, 위에는 단 생사生死만 말하고 있을 뿐이고, 지금은 생사生死와 열반涅槃의 二岸의 생사生死를 말하고 있다. 그리고 위에는 범부凡夫의 생사生死를 말하고 있고, 지금은 수행자修行者에게도 二岸의 解碍가 있는 까닭으로 또한 생사生死가 있다고 말하고 있다는 것이다.

116 지금에 이 비유라고 한 등은, 이 위에는 두 가지 중류를 다 분별하였고 지금에는 경에 나아가 회석한 것이니, 처음에는 생사에 머물지 않는다는 구절을 해석한 것이다. 역시 『잡화기』의 말이다.

117 큰 자비라고 한 아래는 열반에 머물지 않는다는 구절을 해석한 것이다.

자비와 지혜가[118] 오직 한마음이기에 생사에 머물지 아니할 때가 곧 열반에 머물지 아니할 때임을 비유한 것이니,
머무름이 없는 까닭이다.
그런 까닭으로 다만 말하기를 그렇다[119] 하였다.

역시 『잡화기』의 말이다.

118 자비와 지혜라고 한 아래는 생사의 중류에 머물지 않는다는 구절을 해석한 것이니, 그 뜻에 말하기를 생사와 열반이 이 두 언덕에 있는 것으로 생사의 중류라 하였거니와 지금에는 이미 자비와 지혜가 한마음으로 일시에 머물지 않는다고 하였다면 곧 말한 바 생사의 중류에 머물지 않는다는 것이다.

119 그런 까닭으로 다만 말하기를 그렇다고 한 것은 앞의 물음에 맺어 답한 것이니, 그 뜻에 말하기를 이 보살의 자비와 지혜가 한마음이기에 그 두 언덕이 없는 것이니, 그런 까닭으로 경 가운데 다만 말하기를 생사의 중류에 머물지 않는다고만 하고 열반의 중류에 머물지 않는다고는 말하지 않았으니 열반의 중류는 곧 가히 머물지 아니할 수 없는 까닭이다. 역시 『잡화기』의 말이다.

원문에 단운이但云爾라고 한 것은 응당 생사生死, 열반涅槃의 중류中流에 머물지 않는다고 말해야 할 것이지만 그러나 자비慈悲와 지혜知慧가 일시一時인 까닭으로 생사生死에 머물지 않는 때가 곧 열반涅槃에 머물지 않는 때이니, 하나를 거론하면 곧 반드시 두 가지를 겸하는 까닭으로 다만 생사生死의 중류中流에 머물지 않는다고만 말했을지라도 열반涅槃에 머물지 않는다는 뜻은 자연스레 그 가운데 있는 것이다. 그런 까닭으로 두 가지가 있는 중류中流 가운데 다만 생사生死의 중류中流라고 말한 것일 뿐이다. 그렇다면 비록 二岸이 있는 생사의 중류에는 머물지 않지만 이에 二岸이 없는 열반涅槃의 중류中流에는 머무는 것이니, 그런 까닭으로 경문經文의 비유 가운데 부주중류不住中流라는 말에 순응하지 않는 것이다. 따라서 청량淸凉스님은 생사生死와 열반涅槃의 중류中流가 생사와 열반을 떠난 부주중류不住中流라는 말로써 『간정기刊定記』를 격파하여 경문의 비유 가운데 부주차안不住此岸

釋曰上은 刊定意니 前會經本하야 雙出二經之意하고 及其答하야는 結成晉經失旨하고 以從今經하니 義則善矣나 及後釋義하야는 還同古人하야 以生死涅槃이 皆有中流라하야 而以存二岸으로 爲生死中流하고 亡二岸으로 爲涅槃中流니라 由不住故로 不存二岸인댄 是則住於涅槃中流니 則不順不住中流之義일새 故疏에 並非諸釋云호대 文旨顯然이라하니라

해석하여 말하면 이상은 『간정기』의 뜻이니,
앞[120]에서는 경본[121]을 회통하여 두 경의 뜻을 함께 설출하였고 그 질문을 답함에 이르러서는[122] 진경이 뜻을 잃은 것을 맺어 성립하고 지금에 경을 따랐으니,
그 뜻이 곧 좋지만 뒤에 뜻을 해석함에 이르러서는 도리어 고인古人[123]의 해석과 같아서 생사와 열반이 다 중류가 있다 하여 두 언덕이 있는 것으로써 생사의 중류를 삼고, 두 언덕이 없는 것으로써 열반의 중류를 삼았다.

(生死)과 부주피안不住彼岸(涅槃)을 논하지 않고 다만 중류中流라는 말을 근간하여 설파하고 있다.

120 앞이란, 初會文이다.

121 梵本의 梵 자는 經 자라야 한다. 앞에서 『간정기刊定記』가 신구新舊 경본經本을 회통하였지 범본梵本을 회통하지 않았기 때문이다.

122 원문에 급기及其 아래에 『사기私記』엔 問 자가 있어 급기문답及其問答이라 해야 한다 하나 없다 해도 무방하다.

123 고인古人은 현수賢首스님이다. 즉 현수스님도 열반涅槃의 중류中流라 한 때문이다.

머물지 아니함을 인유한 까닭으로[124] 두 언덕이 있지 않다고 한다면 이것은 곧 열반의 중간에 머무는 것이니,
곧 중간에도 머물지 않는다고 한 뜻을 따르는 것이 아니기에 그런 까닭으로 소문에 모든 해석이 모두 아니라고 하여 말하기를 경문에 그 뜻이 밝게 나타나 있다 하였다.

疏

有以煩惱로 爲中流는 約其漂溺이니 從因說也요 有以聖賢으로 爲中流는 約受生死之人也요 有以中道로 爲中流는 約觀行說이니 並不應住니라

어떤 사람[125]이 번뇌로써 중류를 삼은 것은 표류하여 빠짐을 잡은 것이니 원인을 좇아 설한 것이요
어떤 사람[126]이 성현으로써 중류를 잡은 것은 생사를 받는 사람을

124 머물지 아니함을 인유한 까닭이라 운운한 것은 깨뜨리는 뜻에 말하기를 이미 두 언덕이 없다고 하였다면 이것은 열반의 중류이니, 그러한즉 비유 가운데 중류에 머물지 않는다는 말을 따르지 않을 것이다. 무엇 때문인가. 법합 가운데 비록 다만 생사의 중류라 말하였으나 만약 비유인즉 다만 다 중류라고만 말하였을 뿐이니 이것은 반드시 두 가지 중류에 통하는 까닭이다. 이미 저 『간정기』의 해석한 바를 좇아서는 이런 과실이 있는 것이니, 곧 가히 이법二法의 중간으로써 중류라는 글자를 해석하지 않고 응당 생사가 곧 중류라는 뜻으로써 해석한 연후에사 이런 등의 과실이 없을 것이다. 역시 『잡화기』의 말이다.

125 어떤 사람이란, 생공生公이다.

잡은 것이요

어떤 사람[127]이 중도로써 중류를 삼은 것은 관행을 잡아 설한 것이니 모두 응당 머물지 않는다는 것이다.

鈔

有以煩惱로 爲中流下는 重敘異釋이니 爲其義收인댄 略有三義하니라 初一은 生公釋維摩意니 約其漂溺이니 從因說者는 疏爲會取니 是生死因故며 與涅槃으로 意同이라 二에 云有以賢聖으로 爲中流者는 卽什公이 釋淨名意니 約受下는 會釋이라 三에 有以中道로 爲中流者는 肇公意也니 約觀下는 會釋이라 並不應住는 總收諸義컨댄 意在不住니 若住煩惱인댄 不證涅槃이니 豈能度生이며 住聖賢인댄 則無增進이니 亦不能究竟度生이며 住中道인댄 則不契理니 安能成佛度生이리요 上三이 皆屬生死일새 故疏正釋이니 理無不該니라

어떤 사람이[128] 번뇌로써 중류를 삼았다고 한 아래는 거듭 다른 해석을 서술한 것이니,

그 뜻으로 거둔다면 간략하게 세 가지 뜻이 있다.

처음에 한 가지는 생공生公이 『유마경』의 뜻을 해석한 것이니 표류하여 빠짐을 잡은 것이니 원인을 좇아 설한 것이라고 한 것은

126 어떤 사람이란, 나습羅什이다.

127 어떤 사람이란, 승조僧肇이다.

128 有 자 아래 以 자가 있어야 하고, 그 아래 以下의 以 자는 爲 자의 잘못이다.

소가가 회석하여 취한 것이니,
이것은 생사의 원인인 까닭이며
『열반경』으로 더불어 뜻이 같다.[129]
두 번째 어떤 사람이 성현으로써 중류를 삼았다고 말한 것은 곧 구마라습이 『정명경』의 뜻을 해석한 것이니,
생사를 받는 사람을 잡았다고 한 아래는 회석會釋[130]이다.
세 번째 어떤 사람이 중도로써 중류를 삼았다고 한 것은 승조법사의 뜻이니,
관행을 잡아 설했다고 한 아래는 회석이다.

모두 응당 머물지 않는다는 것이라고 한 것은 모든 뜻을 다 거둔다면 그 뜻이 머물지 않는다고 한 것에 있나니,
만약 번뇌에 머문다고 한다면 열반을 증득할 수 없을 것이니 어찌 능히 중생을 제도할 것이며,
성현에 머문다[131]고 한다면 곧 증진增進이 없을 것이니 또한 능히 구경에 중생을 제도할 수 없을 것이며,

---

129 원문에 여열반의동與涅槃意同이라고 한 것은 『열반경涅槃經』에 말하기를 생사生死의 차안此岸을 떠나 번뇌煩惱의 중류中流를 건너고 열반涅槃의 피안彼岸에 이른다 운운하였다.

130 회석會釋이란, 소가疏家의 회석이다.

131 원문에 주성열반住聖涅槃의 涅槃은 賢 자로 바꾸어 住聖賢이라 해야 옳다. 그러나 『잡화기』는 성열반聖涅槃이란 지위 지위마다 각각 분증分證이 있는 까닭이라 하였다.

중도에 머문다고[132] 한다면 곧 진리에 계합하지 못할 것이니 어찌 능히 성불하여 중생을 제도하겠는가.
이상에 세 가지가 다 생사에 속하기에 그런 까닭으로 소문에 바로 해석하였으니,
이치를 갖추지 아니함이 없다 하겠다.

疏

安隱已下는 涅槃之德이니 常故安隱하고 樂故無畏하고 我故無憂하고 淨則無惱니라 亦不已下는 廣明以智導悲하야 合前往返無休息義니 謂由不住著故로 所以往返에 運濟無休니라 及顯法中에 非有不捨之義니 謂非唯悲故로 不捨라 亦由了其非有하야 無可捨故로 則終日度나 而無度也니라 初句는 總明이요 不捨下는 別有五對十句라 初는 一多對니 已化未化에 俱有捨著의 二義하니 思之니라 二는 增減對니 化之成道라도 生界不減이요 不從化者라도 生界不增이니 此約多人相望이라 三은 約一人이니 果起不生이요 惑盡非滅이라 四는 謂空爲盡이요 謂有爲長이라 五에 一對는 總結이니 四對不亡은 並名爲二요 今無分別은 契本不二니라

안은[133]하다고 한 이하는 열반의 덕이니,

132 중도에 머문다고 한 등은 오직 망정을 없애고 생각을 끊어야 이에 가히 계합하는 까닭이라고 『잡화기』는 말한다.

133 안은 이하는 세 번째 삼단을 해석함에 두 가지가 있나니 처음에는 열반의

영원한 까닭으로 안은하고 즐거운 까닭으로 두려움이 없고 내가 있는 까닭으로 근심이 없고 청정하기에 곧 고뇌가 없는 것이다.

또한 중생의 수에 집착하는 바가 있지 않다고 한 이하는 지혜로써 자비를 인도함을 폭넓게 밝혀 앞에 가고 돌아옴에 쉼 없이 한다는 뜻에 법합한 것이니,
말하자면 주착하지 아니함을 인유한 까닭으로 가고 돌아오는 바에 싣고 건네주기를 쉼 없이 한다는 것이다.
그리고 법합 가운데 집착하는 바가 있지 않고 버리지 않는다[134]고 한 뜻을 나타낸 것이니,
말하자면 오직 자비뿐인 까닭으로 버리지 아니할 뿐만 아니라 또한 그 중생에게 집착하는 바가 있지 않아서 가히 버릴 것이 없는 줄 앎을 인유한 까닭으로 곧 종일토록 건네주지만 건네준 적이 없다는 것이다.
처음 구절[135]은 한꺼번에 밝힌 것이요
버리지 않는다고 한 아래는 따로 오대五對에 열 구절이 있다.

덕을 해석한 것이요 두 번째 또한 중생의 수라고 한 아래는 나머지 경문을 해석한 것이다. 여기에 또 두 가지가 있나니 처음에는 그 뜻을 한꺼번에 나타낸 것이요 두 번째 처음 구절이라고 한 아래는 그 경문을 따로 해석한 것이다.

134 원문에 비유불사非有不捨는 經에 亦不於衆生數에 而有所著句는 非有요, 不捨一衆生等句는 不捨이다.

135 원문에 초구初句는 不於衆生數에 而有所著이 初句이다.

처음에는 하나와 많음을 상대한 것이니,
이미 교화하고 아직 교화하지 못함에 함께 버리고 집착하는 두 가지 뜻이 있나니 생각할 것이다.
두 번째는 더하고 감소함을 상대한 것이니,
그 중생을 교화하여 도를 이루게 할지라도 중생의 세계가 감소하지 않는 것이요
좇아서 교화하지 아니할지라도 중생의 세계가 증장하는 것은 아니니
이것은 많은 사람을 잡아 서로 바라본 것이다.
세 번째는 한 사람을 잡은 것이니,
결과가 일어나는 것이[136] 생기하는 것이 아니요
번뇌가 다하는 것이 소멸하는 것이 아니다.
네 번째는 공이 다함이 된다 말하는 것이요
유가 생장함이 된다 말하는 것이다.
다섯 번째 한 상대는 모두 맺는 것이니,
사대四對가 없지 않는 것은 모두 이름이 둘이 되는 것이요
지금에 분별이 없는 것은 본래 둘이 없는 것에 계합한 것이다.

鈔

亦由了其非有하야 無可捨者는 卽大智로 不捨生死也니라 已化未化者는 著已化者는 言屬我故요 未化未屬일새 故不著也니라 著未化者

136 결과가 일어난다고 한 것은 중생 업보의 결과가 분연히 생기하는 것이라고 『잡화기』는 말한다.

는 是所應化故요 已化竟者는 故不著之니라

또한 그 중생에게 집착하는 바가 있지 않아서 가히 버릴 것이 없는 줄 앎을 인유한 까닭이라고 한 것은 곧 큰 지혜로 생사를 버리지 않는 것이다.
이미 교화하고 아직 교화하지 못했다고 한 것은 이미 교화함에 집착하는 것은 아我에 속함을 말하는 까닭이요
아직 교화하지 못한 것은 아에 속하지 않기에 그런 까닭으로 집착하지 않는 것이다.
아직 교화하지 못함에 집착하는 것은 이것은 응당 교화할 바인 까닭이요
이미 교화하여 마친 것은 짐짓 집착하지 않는 것이다.

經

何以故요 菩薩이 深入衆生界가 如法界하야 衆生界와 法界가 無有二하나니 無二法中엔 無增無減하며 無生無滅하며 無有無無하며 無取無依하며 無著無二하니라

무슨 까닭인가.
보살이 중생의 세계가 법계와 같아서 중생의 세계와 법계가 둘이 없는 곳에 깊이 들어가나니,
둘이 없는 법 가운데는 더함도 없고 덜함도 없으며
생기함도 없고 사라짐도 없으며
있음도 없고 없음도 없으며
취함도 없고 의지함도 없으며
집착함도 없고 둘도 없습니다.

疏

第二에 徵釋中에 文有兩番하니 前番은 正徵不著이요 後番은 重徵前義라 今初也니 先徵意云호대 現化衆生에 有增有減거늘 而言不著이라하니 其故何耶아 釋意云호대 以菩薩이 深觀生界가 同於法界하야 無增等故로 所以不著이라 文中에 初二句는 總이니 上句는 是不異義일새 故云如也라하고 下句는 是相卽義일새 故云無二라하니라 後에 無二法中下는 別彰無二之相이니 卽屬對上文이니 無

取依著은 釋不分別이요 餘文相顯이라 此文昭著거늘 而末學之徒는 但謂一分衆生이 不成佛일새 故名不減生界라하니 深可悲哉아

제 두 번째 묻고 해석한 가운데 경문이 두 번이 있나니
앞 번은 집착하지 아니함을 바로 물은 것이요,
뒤 번은 앞에 뜻을 거듭 물은 것이다.
지금은 처음으로 먼저 묻는 뜻에 말하기를 현재 중생을 교화함에 더함도 있고 덜함도 있거늘 그러나 집착하지 않는다 말하니, 그 까닭이 무엇인가.
해석한 뜻에 말하기를 보살이 중생의 세계가 법계와 같아서 더함도 없고 덜함도 없는 등을 깊이 관찰하는 까닭으로 집착하지 않는 바다 하였다.

경문 가운데 처음에 두 구절은 총구이니,
위에 구절은 뜻이 다르지 않기에[137] 그런 까닭으로 같다 하였고,
아래 구절은 모습이 곧 뜻이기에 그런 까닭으로 둘이 없다 하였다.
뒤에 둘이 없는 법 가운데라고 한 아래는 둘이 없는 모습을 따로 밝힌 것이니,
곧 위에 경문을 배속하여 상대한 것이니[138] 취함도 없고 의지함도

---

137 원문에 불이의不異義라고 한 것은 중생계衆生界와 법계法界가 그 뜻이 같다는 것이다.

138 위에 경문을 배속하여 상대한 것이라고 한 것은 만약 제일대第一對라면 곧 묻는 뜻이 이미 집착하지 않는 것으로써 그 나머지 사대四對의 더함도

없고 집착함도 없다고 한 것은 중생의 세계를 분별하지 않는다[139]고 한 것을 해석한 것이요

나머지는 경문에 그 모습이 나타나 있다.[140]

이 경문이 밝게 나타나 있거늘 말학末學의 무리는 다만 일분一分의 중생이 성불하지 못하기에 그런 까닭으로 중생의 세계가 감소하지 않는다고 이름한다 말하나니,

심히 가히 슬프지 않겠는가.

鈔

此文昭著下는 結彈法相師니 已如玄中하니라 而云但謂者는 然其亦有此義나 但非究竟耳니라 以生界가 有二義하니 一은 性義니 卽衆生이 是法界義요 二者는 是分義니 謂衆生相이라 若依究竟인댄 相卽同性일새 亦理平等거니와 但取分義인댄 衆生成佛에 義則有減이나 但不盡故로 言無減이라하니 卽少分之義요 非究竟理일새 故可悲之니라

이 경문이 밝게 나타나 있다고 한 아래는 법상종의 스님을 맺어

없고 덜함도 없다는 등을 비난한 까닭으로, 해석한 뜻에 다만 더함도 없고 덜함도 없다는 말만 잡아서 그 집착하지 않는 까닭을 해석한 것뿐이다. 역시 『잡화기』의 말이다. 위에 경문이란 영인본 화엄 6책, p.695, 5행이다.

139 원문에 불분별不分別이라고 한 것은 영인본 화엄 6책, p.695, 말행末行이다.

140 원문에 여문상현餘文相顯이라고 한 것은 卽無增은 上에 不增衆生界요, 無減은 上에 不減衆生界요, 無生은 上에 不生衆生界요, 無滅은 上에 不滅衆生界라 한 등등이다.

탄핵한 것이니,
이미 『현담』 가운데 설한 것과 같다.
그러나 다만 말하였다고 말한 것은 그러나 그 말도 또한 이 뜻이 있기는 하지만[141] 다만 구경의 뜻이 아닐 뿐이다.
중생의 세계가 두 가지 뜻이 있나니
첫 번째는 자성의 뜻이니, 곧 중생이 이 법계라는 뜻이요
두 번째는 일분一分[142]의 뜻이니, 말하자면 중생의 모습이다.
만약 구경究竟[143]의 뜻을 의지한다면 중생의 모습이 곧 법계의 자성과 같기에 또한 한 이치로 평등하거니와, 다만 일분의 뜻만을 취한다면 중생이 성불함에 그 뜻인즉 중생의 세계가 감소함이 있지만 다만 중생의 세계가 다하지 않는 까닭으로 감소함이 없다 말한 것이니 곧 소분少分의 뜻이요, 구경의 이치가 아니기에 그런 까닭으로 가히 슬퍼하는 것이다.

---

141 또한 이 뜻이 있기는 하지만이라고 한 것은 말하자면 이 성종 가운데도 진실로 이 뜻이 있기는 하지만 그러나 저 구경의 이치가 아니고, 다만 소분小分의 뜻만 안 까닭으로 가히 슬프다 할 것이다. 역시 『잡화기』의 말이다. 다시 말하면 一分의 중생이 성불하지 못하기에 그런 까닭으로 중생의 세계가 감소하지 않는다고 한 뜻을 말한다. 즉 性의 뜻과 相의 뜻 가운데 相의 뜻만 고집하기에 구경의 뜻이 아닌 것이다. 구경의 뜻은 性과 相이 한 이치로 상즉相卽 상의相依하여야 한다.

142 원문에 성분性分이라고 한 성性 자는 연衍이라 하나 『잡화기』는 자성에 즉한 모습인 까닭으로 오히려 성性 자를 대동하고 말할 것이다 하니, 성性 자가 있어야 한다는 것이다. 그러나 나는 성性 자를 빼고 번역하였다.

143 구경究竟은 즉 一에 성의性義이다.

經

何以故요 菩薩이 了一切法과 法界無二故니라

무슨 까닭인가.
보살이 일체법과 법계가 둘이 없음을 요달하는 까닭입니다.

疏

第二番은 重徵이니 意云호대 何以生界가 卽同法界고할새 釋云호대 一切諸法이 皆同法界어니 豈獨衆生이 而不同也리요하니라

제이번은 거듭 물은 것이니,
그 뜻에 말하기를 무슨 까닭으로 중생의 세계가 곧 법계와 같은가 하기에, 해석하여 말하기를 일체 모든 법이 다 법계와 같거니 어찌 홀로 중생만이 같지 않겠는가 한 것이다.

經

菩薩이 如是以善方便으로 入深法界하야 住於無相이나 以清淨相으로 莊嚴其身하며 了法無性이나 而能分別一切法相하며 不取衆生이나 而能了知衆生之數하며 不著世界나 而現身佛刹하며 不分別法이나 而善入佛法하며 深達義理나 而廣演言敎하며 了一切法의 離欲眞際나 而不斷菩薩道하고 不退菩薩行하며 常勤修習無盡之行이나 自在入於清淨法界하니라

보살이 이와 같이 좋은 방편으로써 깊은 법계에 들어가[144] 모습이 없는 곳에 머물지만 청정한 모습으로써 그 몸을 장엄하며
법이 자성이 없는 줄 알지만 능히 일체법의 모습을 분별하며
중생을 취하지 않지만 능히 중생의 수를 요달하여 알며
세계에 집착하지 않지만 몸을 부처님의 세계에 나타내며
법을 분별하지 않지만 불법에 잘 들어가며
의리를 깊이 통달하지만 널리 언설의 가르침을 연설하며
일체법에 탐욕을 떠난 진제를 알지만 보살의 도를 끊지 않고 보살의 행에 물러나지 아니하며
항상 부지런히 끝없는 행을 닦아 익히지만 자재로 청정한 법계에 들어갑니다.

---

144 원문에 입심入深은 혹 深入이라 하기도 한다. 따라서 깊은 법계에 들어가느냐, 깊이 법계에 들어가느냐 하는 차이가 있다.

疏

第三에 菩薩如是下는 雙結二行이니 動寂無礙며 亦名無盡心行이니 有法喩合이라 法中十句니 初二는 牒前起後니 旣方便深入일새 故性相無礙니라 住於下에 餘有八對는 正顯行相이니 一은 約起行之身이요 二는 了法藥이요 三은 識根緣이요 四는 遊佛剎이요 五는 達佛法이요 六은 深契離言이나 不捨言說이요 七은 無求離欲이나 而萬行爰修니 前七은 明卽寂之用이라 八은 常勤下에 一對는 明卽用之寂이며 亦通顯所由니 由勤修故로 涉權하고 入法界故로 常寂하니라

제 세 번째 보살이 이와 같이라고 한 아래는 두 가지 행을 함께 맺는 것이니,
움직이고 고요한[145] 것이 걸림이 없으며 또한 이름이 다함이 없는 심행이니
법과 비유와 법합이 있다.
법 가운데 열 구절이 있나니
처음에 두 구절은 앞에 말을 첩석하여 뒤에 말을 일으킨 것이니 이미 방편으로 깊이 들어갔기에 그런 까닭으로 자성과 모습이 걸림이 없는 것이다.

모습이 없는 곳에 머문다고 한 아래에 나머지 팔대八對가 있는 것은

145 원문에 동動은 작용이고, 적寂은 자체이다.

바로 행의 모습을 나타낸 것이니
첫 번째는 행을 일으키는 몸을 잡은 것이요
두 번째는 법의 약을 아는 것이요
세 번째는 근기의 인연을 아는 것이요
네 번째는 부처님의 국토에 노니는 것이요
다섯 번째는 불법을 통달하는 것이요
여섯 번째는 말을 떠난 곳에 깊이 계합하였지만 말을 버리지 않는 것이요
일곱 번째는 탐욕을 떠난 진제를 구한 적이 없지만 만행을 이에 수행하는 것이니,
앞에 칠대七對는 적체寂體에 즉한 작용을 밝힌 것이다.
여덟 번째는 항상 부지런히라고 한 아래에 일대一對는 작용에 즉한 적체를 밝힌 것이며 또한 까닭을 모두 나타낸 것이니,
부지런히 수행함을 인유한 까닭으로 방편을 간섭하고, 법계에 들어간 까닭으로 항상 고요한 것이다.

經

譬如鑽木하야 以出於火에 火事無量이나 而火不滅하나니

비유하자면 나무를 뚫어 불을 냄에 불의 하는 일이 한량이 없지만 그러나 본래의 불은 사라지지 않는 것과 같나니

疏

二에 喩中에 木은 喩法界요 火는 喩所成身智요 火事는 喩悲化無邊이요 本火不滅은 喩身智常湛이라

두 번째 비유 가운데 나무라고 한 것은 법계에 비유한 것이요
불이라고 한 것은 성취한 바 몸과 지혜에 비유한 것이요
불의 하는 일이라고 한 것은 대비로 교화하는 것이 끝이 없음에 비유한 것이요
본래의 불이 사라지지 않는다고 한 것은 몸과 지혜가 항상 담연함에 비유한 것이다.

經

菩薩如是하야 化衆生事가 無有窮盡이나 而在世間하야 常住不滅하니라

보살도 이와 같아서 중생을 교화하는 일이 끝이 없지만 세간에 있어 영원히 머물고 사라지지 않습니다.

疏

三은 合이니 可知라

세 번째는 법합이니
가히 알 수가 있을 것이다.

經

非究竟非不究竟이며 非取非不取며 非依非無依며 非世法非佛法이며 非凡夫非得果니라

구경도 아니며 구경이 아닌 것도 아니며
취하는 것도 아니며 취하지 않는 것도 아니며
의지하는 것도 아니며 의지하지 않는 것도 아니며
세간의 법도 아니며 불법도 아니며
범부도 아니며 불과를 얻은 것도 아닙니다.

疏

第四에 非究竟下는 雙非二行이니 拂迹入玄者는 然初自行云호대 能轉生死나 而不捨大願은 謂其已有權實雙行이나 而多明照體大智요 次에 利他之中에 旣云無住運濟는 則悲智相導나 而多似起用大悲일새 次復以導悲之智로 遣彼著心하며 復似悲智二心으로 行有前後일새 故第三段에 辨動寂雙行이니 則理無不盡이나 而猶慮物은 謂二事不融이라 故此明形奪兩亡하야 權實無寄니 豈唯十行菩薩이 修行善巧리요 彌顯功德林이 悲濟之深이라

제 네 번째 구경도 아니라고 한 아래는 두 가지 행을 함께 부정하는[146]

146 원문에 쌍비이행雙非二行은 영인본 화엄 6책, p.691, 9행의 과목科目이다.

것이니,
자취를 떨치고 현묘함에 들어간다고 한 것은 그러나 처음 스스로 수행함[147]에 말하기를 능히 생사에 유전하지만 큰 서원을 버리지 않는다고 한 것은 말하자면 그 보살이 이미 방편과 진실의 두 가지 행이 있지만 다분히 지체를 비추는 큰 지혜를 밝힌 것이요
다음에 다른 사람을 이익케 하는[148] 가운데 이미 말하기를 머물지 않고 싶고 건네준다고 한 것은 곧 자비와 지혜가 서로 인도하지만 다분히 작용을 일으키는 큰 자비와 같기에 다음에 다시 자비를 인도하는 지혜로써 저 중생에게 집착하는 마음을 보내며[149]
다시 자비와 지혜[150]의 두 마음으로 행하는 것이 앞뒤가 있는 것이 같기에 그런 까닭으로 제삼단[151]에 움직이고 고요한 두 가지 행을 분별한 것이니,
곧 이치가 다하지 아니함이 없지만 오히려 중생을 염려하는 것은 두 가지 사실이 원융하지 아니함을 말하는 것이다.
그런 까닭으로 이것[152]은 모습을 빼앗아 둘 다 잊어 방편과 진실이 의지함이 없음을 밝힌 것이니 어찌 오직 십행보살만이 선교방편을

---

147 원문에 초자행初自行은 영인본 화엄 6책, p.693, 8행이다. 初自行 下는 第一段이다.

148 원문에 차이타次利他 下는 第二段이다. 次利他는 영인본 화엄 6책, p.694, 5행 이하를 의인意引한 것이다.

149 원문에 心과 復 사이에 초문鈔文엔 然其 두 글자가 있다.

150 원문에 부사비지復似悲智 下는 第三段에 雙行이다.

151 제삼단第三段은 영인본 화엄 6책, p.704, 9행이다.

152 원문에 고차故此 下는 第四段에 雙拂이다.

수행하겠는가. 공덕림보살이 대비로 건지는 것이 깊음을 두루 나타낸 것이다.

鈔

然初自行下는 疏文有二라 先은 總彰大意니 意云호대 菩薩慈悲重重할새 顯悲智無礙하야 收上四段이라 四段別說인댄 一은 自行이요 二는 化他요 三은 雙行이요 四는 雙拂이라 今明自行에 卽有自他雙行하고 雙行旣俱에 義必不著이니 卽是雙拂이어니와 從增科之는 顯菩薩悲深耳라 今初自行에 能轉生死는 卽自行之實이요 不捨大願은 卽利他之權이라 雖前科爲四나 而今疏文엔 乃有六節하니 一은 卽第一自行이요 二에 而多明下는 起第二利他요 三에 而多似起用大悲者는 亦起第二利他中에 徵釋之文이요 四에 然其復似悲智二心으로 行有前後는 卽生第三雙行이요 五에 而猶慮物은 二事不融下는 生第四段이니 上之四段에 皆初一句는 躡前起後라 六에 豈唯十行下는 結歎이니 歎二菩薩이라 一은 十行에 難得行의 用心之深이니 卽所說行이요 二는 卽功德林이니 能說之人이 重重曲巧로 說斯悲智니라

그러나 처음 자분행이라고 한 아래는 소문에 두 가지 뜻이 있다. 먼저는[153] 대의를 한꺼번에 밝힌 것이니,
그 뜻에 말하기를 공덕림보살의 자비가 중중무진하기에 자비와

---

153 먼저 운운은, 뒤에 경문에 오대五對에 열 구절이 있다고 한 아래(바로 아래 소문)는 경문을 해석한 것이다.

지혜가 걸림이 없음을 나타내어 위에 사단四段[154]을 거두었다.
사단을 따로 설한다면 첫 번째는 스스로 수행하는 것이요,
두 번째는 다른 사람을 교화하는 것이요
세 번째는 함께 행하는 것이요
네 번째는 함께 떨치는 것이다.

지금에는 스스로 수행함을 밝힘에 곧 스스로 수행하고 다른 사람을 교화하는 두 가지 행이 있고, 두 가지 행이 이미 갖추어짐에 뜻이 반드시 집착하지 않는 것이니,
곧 이것은 두 가지를 함께 떨치는 것이어니와 점점 증승함을 좇아 과목한 것은 공덕림보살의 자비가 깊은 것을 나타낸 것이다.

지금은 처음으로 스스로 수행함에 능히 생사에 유전한다고 한 것은 곧 스스로 수행하는 진실이요
큰 서원을 버리지 않는다고 한 것은 곧 다른 사람을 이익케 하는 방편이다.
비록 앞에서 과목을 네 가지로 하였지만 그러나 지금 소문에는 이에 여섯 구절이 있나니
첫 번째는 곧 제일단에 스스로 수행하는 것이요
두 번째 다분히[155] 자체를 비추는 큰 지혜를 밝힌 것이라고 한 아래는

---

154 위에 사단四段이란 자분自分, 이타利他, 쌍결이행雙結二行, 쌍비이행雙非二行이다.

155 원문에 謂 자는 소문疏文엔 없다. 대신 而 자라 하면 허물이 없다.

제이단에 다른 사람을 이익케 함을 생기하는 것이요
세 번째 다분히 작용을 일으키는 큰 자비와 같다고 한 것은 또한[156] 제이단에 다른 사람을 이익케 하는 가운데 묻고 해석한 경문을 생기하는 것이요
네 번째 그러나[157] 다시 자비와 지혜의 두 마음으로 행하는 것이 앞뒤가 있는 것이 같다고 한 것은 곧 제삼단에 함께 행함을 생기하는 것이요
다섯 번째 오히려 중생을 염려하는 것은 두 가지 사실이 원융하지 않다고 한 아래는 제사단을 생기하는 것이니,
이상의 사단[158]에 다 처음에 한 구절은 앞의 말을 밟아 뒤의 말을 생기하는 것이다.
여섯 번째 어찌 오직 십행보살만이라고 한 아래는 맺어서 찬탄한 것이니 두 보살을 찬탄한 것이다.
첫 번째는 십행 가운데 난득행보살[159]의 용심이 깊은 것을 찬탄한 것이니 곧 설할 바 행이요
두 번째는 곧 공덕림보살을 찬탄한 것이니
능히 설하는 사람[160]이 중중무진의 곡직한 선교로 이 자비와 지혜를

---

156 원문에 역사亦似라 한 사似 자는 기起 자의 잘못이다. 『잡화기』는 생生 자의 잘못이라 하니 같은 뜻이다. 혹은 바로 위에 다사多似라 한 뜻을 해석한 까닭이다 하였다. 역시 『잡화기』의 말이다.

157 원문에 然其 두 글자는 소문疏文엔 없다.

158 이상의 사단이란, 곧 사절四節이다.

159 난득행보살難得行菩薩은 제팔보살第八菩薩이다.

설하는 것이다.

疏

文有五對十句라 然其所非之法은 卽前權實二行이니 且如究竟은 卽實이요 不究竟은 卽權이라 今乃雙非者는 實卽權故로 非究竟이요 權卽實故로 非不究竟이라 又但言非究竟이언정 非謂有不究竟일새 故亦非之니 是則借權以遣實에 實去而權亡이요 借實以破權에 權亡實不立이라 言窮慮絶거니 何實何權이며 體本寂寥거니 孰非孰是리요 唯脩然無寄하야 理自玄會일새 故辨雙非언정 非有雙非可立이라

경문에 오대五對에 열 구절이 있다.
그러나 그 아니라고 한 바[161] 법은 곧 앞에 방편과 진실의 두 가지 행이니,
또한 구경과 같은 것은 곧 진실이요
구경이 아니라고 한 것은 곧 방편이다.
지금에는 이에 함께 아니라고 한 것은 진실이 곧 방편인 까닭으로 구경이 아니요
방편이 곧 진실인 까닭으로 구경이 아닌 것도 아니다.
또 다만 구경이 아니라고 말한 것일지언정 구경이 아닌 것이 있다고

160 원문에 능설지인能說之人이란, 곧 공덕림보살功德林菩薩이다.

161 원문에 소비所非라고 한 것은 즉 앞에서 말한 非究竟과 非不究竟等이다.

말한 것이 아니기에 그런 까닭으로 또한 아니라 한 것이니,
이것은 곧 방편을 빌려 진실을 보냄에 진실이 떠나가면 방편이 없는 것이요,
진실을 빌려 방편을 깨뜨림에 방편이 없어지면 진실이 성립되지 않는 것이다.
말이 다하고 생각이 끊어졌거니 무엇이 진실이고 무엇이 방편이며,
자체가 본래 고요하거니 어느 것이 그르고 어느 것이 옳겠는가.
오직 유연히[162] 의지함이 없어서 이치가 스스로 현묘한 줄 알기에 그런 까닭으로 함께 아니라고 함을 분별한 것일지언정 함께 아니라고 한 것도 가히 세울 수 있는 것이 아니다.

鈔

唯翛然無寄者는 卽肇公百論序니 前已用竟이라

오직 유연히 의지함이 없다고 한 것은 곧 승조법사의 『백론百論』 서문이니,
앞에 이미 인용하여 마쳤다.

---

162 翛는 '빠를 유' 자이다. 유연翛然은 자전에 빠른 모양, 빨리 가는 모양이라 하였다. 또 소연蕭然이라고도 하나니 소연은 사전에 쓸쓸하다는 뜻이라 하였다.

疏

然雙非는 是遮요 雙是는 爲照니 卽遮而照일새 故雙非는 卽是雙行이요 卽照而遮일새 雙行은 卽爲雙遣이라 總前諸段에 理極於斯니 下諸句中엔 皆倣於此니라

그러나 함께 아니라고 한 것은 이것은 막는 것(雙遮)이요
함께 옳다고 한 것은 비춤이 되는(雙照) 것이니
막음에 즉한 비춤이기에 그런 까닭으로 함께 아니라고 한 것은 곧 함께 행하는 것이요
비춤에 즉한 막음이기에 함께 행한다고 한 것은 곧 함께 보냄이 되는 것이다.
앞에 모든 단락[163]을 총석함에 이치가 여기에 이르나니,
아래 모든 구절 가운데는 다 이것을 본받을 것이다.

鈔

然雙非下는 三에 又融拂雙非라 雙非는 卽第四段이요 雙照는 卽第三段이니 融拂二段하야사 成玄之又玄이라 又卽此第四段中에 初에 權實交徹은 卽是雙照요 後에 拂迹入玄釋은 卽是雙非니 融拂此二하야사 方入玄矣니라 又旣融第三인댄 則已具前二일새 故四門一致하야사 方顯深玄이니 故下結云호대 總前諸段에 理極於斯라하니라 下諸

163 원문에 諸段이란, 사단四段을 말하는 것이다.

句者는 例下諸句니 諸句가 多唯明初權實交徹一義일새 故例하야 令如初句知케하니라

그러나 함께 아니라고 한 아래는 세 번째 또 함께 아니라고 한 것을 융합하고 떨치는 것이다.
함께 아니라고 한 것은 곧 제사단이요
함께 비춘다고 한 것은 곧 제삼단이니,
두 단락을 융합하고 떨쳐야 현묘하고 또한[164] 현묘함을 이루는 것이다.
또한 곧 이 제사단 가운데 처음에 방편과 진실이 서로 사무치는 것은 곧 이것은 함께 비추는 것이요
뒤에 자취를 떨치고 현묘함에 들어간다고 해석한 것은 곧 이것은 함께 아니라고 한 것이니,
이 두 가지[165]를 융합하고 떨쳐야 바야흐로 현묘함에 들어가는 것이다.
또 이미 제삼단을 융합하였다면 곧 이미 앞에 이단二段을 갖춘 것이기에 그런 까닭으로 사문四門이 일치하여야 바야흐로 깊고 현묘함이 나타나는 것이니,
그런 까닭으로 아래에 맺어 말하기를 앞에 모든 단락을 총석함에 이치가 여기에 이른다 하였다.

---

164 원문에 入 자는 又 자의 잘못이다.

165 원문 此二 위에 融拂 두 글자가 빠졌다. 혹은 雙非 두 글자가 빠졌다고도 한다. 나는 融拂 두 글자를 보충하여 번역하였다.

아래 모든 구절이라고 한 것은 아래 모든 구절을 비례한 것이니, 모든 구절이 나분히 오식 처음에 방편과 진실이 서로 사무친다고 한 한 가지 뜻만 밝혔기에 그런 까닭으로 비례하여 하여금 처음 구절과 같이 알게 한 것이다.

疏

二는 對所化니 能所取寂일새 故非是取요 了知心行일새 故非不取라 三은 約化處니 不著世界일새 故非是依요 依刹現身일새 故非無依라 亦約所證이니 智無分別이나 而善入故라 四는 約化法이니 深達義理일새 故非世法이요 隨世語言일새 故非佛法이라 五는 證離欲際일새 故非凡夫요 不斷菩薩行일새 故非得果니라

두 번째는 교화할 바를 상대한 것이니,
능취와 소취가 고요하기에 그런 까닭으로 취하는 것도 아니요
심행을 요달하여 알기에 그런 까닭으로 취하지 않는 것도 아니다.
세 번째는 교화하는 처소를 잡은 것이니,
세계에 집착하지 않기에 그런 까닭으로 의지하는 것도 아니요
세계를 의지하여 몸을 나타내기에 그런 까닭으로 의지하지 않는 것도 아니다.
또한 증득할 바를 잡은 것이니,
지혜가 분별이 없지만 잘 들어가는 까닭이다.
네 번째는 교화하는 법을 잡은 것이니,

깊이 의리를 통달하였기에 그런 까닭으로 세간의 법도 아니요
세간의 언어를 따르기에 그런 까닭으로 불법도 아니다.
다섯 번째는 탐욕을 떠난 진제를 증득하였기에 그런 까닭으로 범부도 아니요
보살의 행을 끊지 않았기에 그런 까닭으로 불과를 얻은 것도 아니다.

經

菩薩이 成就如是難得心하야 修菩薩行時에

보살이 이와 같이 얻기 어려운 마음을 성취하여 보살의 행을 닦을 때에

疏

第二에 菩薩成就下는 明勝進行이라 文分爲二리니 初는 明慧行이요 後에 菩薩如是下는 辨悲行이라 今初分二리니 先은 牒前自分行이라

제 두 번째 보살이 이와 같이 얻기 어려운 마음을 성취한다고 한 아래는 승진행을 밝힌 것이다.
경문을 나누어 두 가지로 하리니
처음에는 지혜의 행을 밝힌 것이요
뒤에 보살이 이와 같이라고 한 아래는 자비의 행을 분별한 것이다.
지금은 처음으로 두 가지로 나누리니
먼저는 앞에 자분행을 첩석한 것이다.

經

不說二乘法하며 不說佛法하며 不說世間하며 不說世間法하며 不說衆生하며 不說無衆生하며 不說垢하며 不說淨하니라

이승의 법도 설하지 아니하며
불법도 설하지 아니하며
세간도 설하지 아니하며
세간의 법도 설하지 아니하며
중생도 설하지 아니하며
중생이 없는 것도 설하지 아니하며
더러운 것도 설하지 아니하며
깨끗한 것도 설하지 않습니다.

疏

後에 不說已下는 正辨勝進行相이니 皆卽事入玄이라 分四리니 初는 總明離相無說이라

뒤에 설하지 않는다고 한 이하는 바로 승진행의 모습을 분별한 것이니, 다 사실에 즉하여 현묘함에 들어가는 것이다.
네 가지로 나누리니
처음에는 모습을 떠나 설할 수 없음을 한꺼번에 밝힌 것이다.

經

何以故요 菩薩이 知一切法이 無染無取하며 不轉不退故니라 菩薩이 於如是寂滅微妙하며 甚深最勝法中에 修行時에 亦不生念我가 現修此行하며 已修此行하며 當修此行이라하며 不著蘊界處와 內世間과 外世間과 內外世間하며 所起大願과 諸波羅蜜과 及一切法에 皆無所著하니라

무슨 까닭인가.
보살이 일체법이 물듦도 없고 취착함도 없으며
유전하지도 않고 퇴전하지도 아니함을 아는 까닭입니다.
보살이 이와 같이 적멸하고 미묘하며 깊고도 깊고 가장 수승한 법 가운데 수행할 때에 또한 내가 현재 이 행을 닦으며
이미 이 행을 닦았으며
당래에 이행을 닦을 것이라는 생각을 내지 아니하며
오온과 십팔계와 십이처와 안의 세간과 밖의 세간과 안과 밖의 세간에 집착하지 아니하며
일으킨 바 큰 서원과 모든 바라밀과 그리고 일체법에 다 집착하는 바가 없습니다.

疏

二는 徵釋하야 以顯雙非니 釋意云호대 所以不說者는 一은 無法可說故요 二에 菩薩於如是下는 明無心說이니 謂不起念故니라

두 번째는 묻고 해석하여 함께 아니라고[166] 함을 나타낸 것이니,
해석한 뜻에 말하기를 설하지 않는 까닭은 첫 번째는 법을 가히 설할 것이 없는 까닭이요
두 번째 보살이 이와 같이라고 한 아래는 무심으로 설하는 것을 밝힌 것이니
말하자면 생각을 일으키지 않는 까닭이다.

---

166 함께 아니라고 한 것은, 『잡화기』는 가히 설할 것이 없다고 한 것은 이것은 모습을 떠나는 것이고, 무심으로 설한다고 한 것은 이것은 자성을 떠나는 것이다 하였다.

원문에 쌍비雙非라고 한 것은 心과 法이 雙非이다. 즉 性은 心이고, 相은 法이다.

經

何以故요 法界中엔 無有法도 名向聲聞乘하며 向獨覺乘하며 無有法도 名向菩薩乘하며 向阿耨多羅三藐三菩提하며 無有法도 名向凡夫界하며 無有法도 名向染向淨하며 向生死向涅槃하니라

무슨 까닭인가.
법계 가운데는 어떤 법도 성문승에 향하며 독각승에 향한다 이름할 것이 없으며
어떤 법도 보살승에 향하며 아뇩다라삼먁삼보리에 향한다 이름할 것이 없으며
어떤 법도 범부의 세계에 향한다 이름할 것이 없으며
어떤 법도 더러운 것에 향하며 깨끗한 것에 향하며 생사에 향하며 열반에 향한다 이름할 것이 없습니다.

疏

三에 何以故下는 轉釋無念이니 所以無念者는 稱法界故라 故不說聲聞法等이라

세 번째 무슨 까닭인가 한 아래는 전전히 생각이 없음을 해석한 것이니,
생각이 없는 까닭은 법계에 칭합한 까닭이다.
그런 까닭으로 성문의 법 등을 설하지 않는 것이다.

經

何以故요 諸法無二며 無不二故니라

무슨 까닭인가.
모든 법이 둘이 없으며 둘이 아님이 없는 까닭입니다.

疏

四는 假徵하야 以顯雙運이니 徵意云호대 旣無所著인댄 何以로 復修二利之行고할새 釋意云호대 性相雙非일새 故能雙運이라하니라 文有法喩合하니 法中에 諸法無二故로 無說無著이요 無不二故로 不妨起行이라

네 번째는 거짓으로 물어 함께 운행함[167]을 나타낸 것이니, 묻는 뜻[168]에 말하기를 이미 집착하는 바가 없었다면 무슨 까닭으로 다시 자리이타의 행을 닦는가 하기에, 해석한 뜻에 말하기를 자성과 모습이[169] 함께 아니기에 그런 까닭으로 능히 함께 운용하는 것이다

167 원문에 쌍운雙運이란, 이 위에는 다 이상행離相行이요, 이 아래(此下)는 이상행離相行이 수상행隨相行에 걸리지 않는 까닭으로 쌍운雙運이다. 즉 이상離相과 수상隨相을 함께 운행(雙運)한다는 것이다.

168 묻는 뜻이란, 자성으로써 모습을 물은 것이라고 『잡화기』는 말한다.

169 해석한 뜻에 말하기를 자성과 모습이라고 한 등은 경문 가운데 둘이 없다고 한 구절은 이것은 모습을 떠난 까닭으로 능히 자성을 운용하는 것이요, 둘이 아님이 없다고 한 구절은 이것은 자성을 떠난 까닭으로 능히 모습을

하였다.

경문에 법과 비유와 법합이 있나니

법 가운데 모든 법이 둘이 없는 까닭으로 설할 것도 없고 집착할 것도 없는[170] 것이요

둘이 아님이 없는 까닭으로 행을 일으킴에 방해롭지 않는 것이다.

운용하는 것이다. 역시 『잡화기』의 말이다.

170 원문에 무설無說은 영인본 화엄 6책, p.710, 말행末行 경문經文을 가리키고, 무착無着은 영인본 화엄 6책, p.711, 6행 이하 경문을 가리키고 있다.

經

譬如虛空을 於十方中과 若去來今에 求不可得이나 然非無虛空하나니

비유하자면 허공을 시방[171] 가운데와 혹 과거와 미래와 지금에 구하여도 가히 얻을 수 없지만 그러나 허공이 없는 것이 아닌 것과 같나니

疏

二에 喩는 可知라

두 번째 비유는 가히 알 수가 있을 것이다.

---

171 시방 운운은, 시방은 공간이고 과거·미래·지금은 시간이다.

經

菩薩如是하야 觀一切法이 皆不可得이나 然非無一切法하야 如實無異일새 不失所作하며 普示修行菩薩諸行하며 不捨大願하며 調伏衆生하며 轉正法輪하며 不壞因果하며 亦不違於平等妙法하니라

보살도 이와 같아서 일체법이 다 가히 얻을 수 없는 줄 관찰하지만 그러나 일체법이 없지 않아서 여실히 다름이 없기에 짓는 바를 잃지 아니하며
널리 보살의 모든 행을 수행하는 것을 보이며
큰 서원을 버리지 아니하며
중생을 조복하며
바른 법륜을 전하며
인과를 무너뜨리지 아니하며
또한 평등한 묘법에도 어기지 않습니다.

疏

三에 合中엔 皆顯性不礙相이라 於中二니 先은 正明이라

세 번째 법합 가운데는 다 자성이 모습에 걸리지 아니함을 나타낸 것이다.

그 가운데 두 가지가 있나니,
먼저는 바로 밝힌 것이다.

經

普與三世諸如來等하야 不斷佛種하며 不壞實相하며 深入於法하야 辯才無盡하며 聞法不著하야 至法淵底하며 善能開演이나 心無所畏하며 不捨佛住나 不違世法하며 普現世間이나 而不著世間하니라

널리 삼세의 모든 여래로 더불어 평등하여[172] 부처님의 종성을 끊지 않으며
실상을 무너뜨리지 않으며
깊이 법에 들어가 변재가 다함이 없으며
법문을 듣지만 집착하지 않아서 법의 연못 밑까지 이르며
잘 능히 열어 연설하지만 마음에 두려워하는 바가 없으며
부처님이 머무시는 곳을 버리지 않지만 세간의 법을 어기지 아니하며
널리 세간에 나타나지만 세간에 집착하지 않습니다.

疏

後에 普與下는 辨功成德立이니 勝進之相이라 故晉經엔 此初에 有此菩薩言이라

172 삼세의 모든 여래로 더불어 평등平等하다고 한 것은 此菩薩이 그렇다는 것이다.

뒤에 널리 삼세의 모든 여래로 더불어라고 한 아래는 공이 성립하고 덕이 성립함을 분별한 것이니

승진의 모습이다.

그런 까닭으로 진역경에는 이 경문 처음에 이 보살이라는 말이 있다.

經

菩薩이 如是成就難得智慧心하야 修習諸行할새

보살이 이와 같이 얻기 어려운 지혜의 마음을 성취하여 모든 행을 닦아 익혔기에

疏

第二에 辨悲行中에 分三하리라 一은 牒智顯悲니 悲假智深所以先牒이라

제 두 번째 자비의 행을 분별한 가운데 세 가지로 나누겠다. 첫 번째는 지혜를 첩석하여 자비를 나타낸 것이니, 자비는 지혜를 가자하여 깊어지기에 그런 까닭으로 먼저 지혜를 첩석한 것이다.

經

於三惡趣에 拔出衆生하야 敎化調伏하야 安置三世의 諸佛道中호대 令不動搖하니라

삼악취에서 중생을 빼내어 교화하고 조복하여 삼세에 모든 부처님의 도량 가운데 편안히 두되 하여금 동요하지 않게 합니다.

疏

二에 於三惡下는 正顯悲相이라

두 번째 삼악취라고 한 아래는 바로 자비의 모습을 나타낸 것이다.

經

復作是念호대 世間衆生이 不知恩報하고 更相讎對하며 邪見執著하며 迷惑顚倒하며 愚癡無智하며 無有信心하며 隨逐惡友하며 起諸惡慧하며 貪愛無明과 種種煩惱가 皆悉充滿하나니 是我所修菩薩行處라

다시 이와 같은 생각을 하기를 세간의 중생이 은혜를 갚을 줄 알지 못하고 다시 서로 원수로 대하며
삿된 소견으로 집착하며
미혹하여 거꾸러지며
어리석어 지혜가 없으며
신심이 없으며
악한 벗을 따르고 좇으며
모든 나쁜 지혜를 일으키며
탐욕과 애욕과 무명과 가지가지 번뇌가 다 넘쳐나나니,
이곳이 내가 보살의 행을 닦을 바 처소이다.[173]

疏

三에 復作是下는 偏語化惡하야 顯勝進相이라 文中三이니 初는 明惡是所悲요 次는 明善非化境이요 後는 徵釋所由라 今初所悲

---

173 '이다'라고 해석한 것은 스스로 생각하는 부분이기에 그렇게 해석한 것이다.

中에 先은 明有違教之惑이요 後에 貪愛下는 明總具塵勞니 惑病旣深일새 方假醫救니라 前中에 不知恩報者는 必無敬養이요 更相讎對는 則難以訶責이요 邪見執著은 則不受正教요 迷惑顚倒는 所領不眞이요 愚癡無智는 爲說不知요 無有信心은 絶於希向이요 隨逐惡友는 必遠善人이요 起諸惡慧는 無由正解일새 故難化也니라

세 번째 다시 이와 같은 생각을 하였다고 한 아래는 악한 중생을 교화할 것만 치우쳐 말하여 승진의 모습을 나타낸 것이다.
경문 가운데 세 가지가 있나니
처음에는 악한 중생은 자비로 교화할 바를 밝힌 것이요
다음에는 선한 중생은 교화할 경계가 아님을 밝힌 것이요
뒤에는 그 까닭을 묻고 해석한 것이다.
지금은 처음으로 자비로 교화할 바 가운데 먼저는 가르침을 어기는 번뇌가 있음을 밝힌 것이요
뒤에 탐욕과 애욕이라고 한 아래는 번뇌(塵勞)를 다 갖추고 있음을 밝힌 것이니,
번뇌의 병이 이미 깊었기에 바야흐로 의사를 가자하여 구원하는 것이다.
앞의 가운데 은혜를 갚을 줄 알지 못한다고 한 것은 반드시 공경하고 봉양함이 없는 것이요
다시 서로 원수로 대한다고 한 것은 곧 꾸짖기가 어려운[174] 것이요
삿된 소견으로 집착한다고 한 것은 곧 바른 가르침을 받지 않는

것이요
미혹하여 거꾸러진다고 한 것은 아는 바가 진실하지 않는 것이요
어리석어 지혜가 없다고 한 것은 설하여도 알지 못하는 것이요
신심이 없다고 한 것은 희망하고 지향함이 끊어진 것이요
악한 벗을 따르고 좇는다고 한 것은 반드시 선한 사람을 멀리하는 것이요
모든 나쁜 지혜(慧)를 일으킨다고 한 것은 바른 지해(解)를 인유함이 없기에 그런 까닭으로 교화하기 어려운 것이다.

174 꾸짖기가 어렵다고 한 것은 내가 만약 꾸짖는다면 곧 저가 반드시 나를 원수로 대하는 까닭이다. 역시 『잡화기』의 말이다.

經

設有知恩하며 聰明慧解하며 及善知識이 充滿世間이라도 我不於中엔 修菩薩行하리니

설사 은혜를 알며 총명하고 지혜로우며 그리고 선지식이 세간에 넘쳐남이 있을지라도 내가 그 가운데서는 보살의 행을 닦지 아니할 것이니

疏

二에 設有下는 善非化境이니 可知라

두 번째 설사 은혜를 아는 등이 있다고 한 아래는 선한 중생은 교화할 경계가 아니라는 것이니
가히 알 수가 있을 것이다.

經

何以故요 我於衆生에 無所適莫하며 無所冀望하며 乃至不求一縷一毫와 及以一字讚美之言하며 盡未來劫토록 修菩薩行호대 未曾一念도 自爲於己하고 但欲度脫一切衆生하야 令其淸淨하야 永得出離라하니라

무슨 까닭인가.
나는 중생에게 마음에 들고 들지 않는 바가 없으며
기다리고 희망하는 바가 없으며
내지 한 가닥 실과 한 가닥 털과 그리고 한 글자 찬미하는 말도 구하지 아니하며
미래세월이 다하도록 보살의 행을 닦지만 일찍이 한 생각도 스스로의 몸을 위하지 않고 다만 일체중생을 제도하고 해탈하여 그로 하여금 청정케 하여 영원히 벗어남을 얻게 하고자 하는 때문이다 하였습니다.

疏

三에 徵釋中에 初徵次釋이요 後轉徵釋이라 初徵意云호대 菩薩化生이 理宜平等거늘 偏惡棄善하니 其故何耶아 次釋意云호대 菩薩於物에 無定親疎나 就於惑重은 偏是化境이 如母矜病子니 豈不等耶아 又若求名利인댄 應化知恩이나 本爲淨他일새 理應隨惡이

라 若棄惡從善인댄 魔攝持故니라

세 번째 묻고 해석한 가운데 처음에는 묻는 것이요,
다음에는 해석한 것이요,
뒤에는 전전히 묻고 해석한 것이다.
처음에 묻는 뜻에 말하기를 보살이 중생을 교화하는 것이 이치가 마땅히 평등해야 하거늘 악한 중생에게 치우쳐 선한 중생을 버리니, 그 까닭이 무엇인가.
다음에 해석한 뜻에 말하기를 보살은 중생에게 친하고 소원한 일을 정할 수 없지만[175] 저 번뇌가 무거운 중생에게 나아간[176] 것은 교화하는 경계에 치우친 것이 마치 어머니가 병든 자식을 불쌍히 여기는 것과 같을 뿐이니 어찌 평등하지 않겠는가.

또 만약 명예와[177] 이익을 구한다면 응당히 은혜를 아는 사람만 교화해야 할 것이지만 본래 다른 사람을 청정케 하기 위함이었기에 이치가 응당 악한 사람을 따라야 하는 것이다.
만약 악한 사람을 버리고 선한 사람만 좇는다면 마군들이 섭수하여 가지는 행위인 까닭이다.

---

175 원문에 無主의 主 자는 연자(衍)이다. 定於의 於 자도 연자(衍)이다.

176 원문에 취就는 『사기私記』엔 取라 하였다.

177 또 만약 명예와 운운한 것은 처음 뜻에 말하기를 만약 구하는 바가 있다면 혹 이것을 반연하여 친소親疎가 생길 수 있을 것이지만 지금에는 이미 구할 것이 없는 까닭으로 또한 친소가 없다 하였으니. 지금에 뜻은 경문을 안찰하면 가히 볼 수가 있을 것이다. 역시 『잡화기』의 말이다.

鈔

若棄惡從善인댄 魔業攝持故者는 卽五十八經에 說十種魔業中云호대 捨惡性人하며 遠懈怠者하며 輕慢亂意하며 譏嫌惡慧하면 是爲魔業이라하며 又云호대 已得解脫과 已安隱者는 常樂親近하야 而供養之하고 未得解脫과 未安隱者는 不得親近하며 亦不敎化하면 是爲魔業이라하니 卽棄惡從善也니라

만약 악한 사람을 버리고 선한 사람만 좇는다면 마군들이 섭수하여 가지는 행위인 까닭이라고 한 것은 곧 오십팔경에 열 가지 마군의 업을 설한 가운데 말하기를 악한 성품의 사람을 버리며
게으른 사람을 멀리하며
산란한 뜻을 가진 사람을 경만하며
악한 사람의 지혜를 기만하고 싫어한다면 이것은 마군의 업이다 하였으며
또 말하기를 이미 해탈을 얻은 사람과 이미 안은함을 얻은 사람은 항상 즐겁게 친근하여 공양하며,
아직 해탈을 얻지 못한 사람과 안은함을 얻지 못한 사람은 친근함을 얻지 못하며,
또한 교화하지도 않는다면 이것은 마군의 업이다 하였으니,
곧 악한 사람을 버리고 선한 사람만 좇는 것이다.

經

何以故요 於衆生中에 爲明導者는 法應如是하야 不取不求하며 但爲衆生하야 修菩薩道하야 令其得至安隱彼岸하야 成阿耨多羅三藐三菩提하나니 是名菩薩摩訶薩의 第八難得行이니라

무슨 까닭인가.
중생 가운데 밝은 지도자가 되는 사람은 법이 응당 이와 같아서 취하지도 않고 구하지도 아니하며
다만 중생만을 위하여 보살의 도를 닦아 그로 하여금 안은한 피안에 이름을 얻어 아뇩다라삼먁삼보리를 이루게 하나니,
이것이 이름이 보살마하살의 제 여덟 번째 얻기 어려운 행입니다.

疏

三은 轉徵釋이니 徵云호대 菩薩衆生이 本不相預어니 何爲長劫토록 悲救無求고 釋意云호대 諸佛菩薩은 法爾同遵하나니 不爾인댄 不名爲明導故라하니라

세 번째는 전전히 묻고 해석한 것이니,
묻는 뜻에 말하기를 보살과 중생이 본래 서로 간예干預[178]하지 않거니 어찌 긴 세월토록 대비로 구원하되 구함이 없다 하는가.

178 간예干預는 간계하여 참견하는 것이다.

해석한 뜻에 말하기를 모든 부처님과 보살은 법이 그렇게 다 중생을 따르나니,
그렇지 않다고 한다면 밝은 지도자가 된다고 이름할 수 없는 까닭이다 하였다.

經

佛子야 何等이 爲菩薩摩訶薩의 善法行고

불자여, 어떤 등이 보살마하살의 잘 법을 설하는 행이 되는가.

疏

第九는 善法行이니 體卽力度라 就文分三하리니 初는 徵名이요 二는 釋相이요 三은 結歎이라 今初에 唯識有二하니 一은 思擇力이요 二는 修習力이라 本業有三하니 一은 報通力이요 二는 修定通力이요 三은 變化通力이라 唯識約修요 本業約用이니 互擧一邊이나 由前二力하야 爲機說法인댄 則成語意二業之善法하고 有本業三力인댄 則成身意二業之善法이니 以修定通이 卽意業故니라 依梁攝論인댄 由思擇力하야 能伏一切正行等으로 所對治障하야 令不起故요 由修習力하야 能令一切善行으로 堅固決定이라하니라 旣言一切善行인댄 此則二力이 通三業善이니라 此位는 大同九地하나니 是法師位에 善說法故니라

제 아홉 번째는 잘 법을 설하는 행이니,
행의 자체가 곧 역力바라밀이다.
경문에 나아가 세 가지로 나누리니
처음에는 이름을 묻는 것이요
두 번째는 모습을 해석한 것이요

세 번째는 맺어서 찬탄한 것이다.

지금은 처음으로, 『유식론』에는 두 가지가 있나니
첫 번째는 사택思擇하는 힘이요
두 번째는 닦아 익히는 힘이다.
『본업경』에는 세 가지가 있나니
첫 번째는 과보로 얻은 신통[179]의 힘이요
두 번째는 삼매를 닦은 신통의 힘이요
세 번째는 변화하는 신통의 힘이다.

『유식론』은 수행을 잡은 것이고, 『본업경』은 작용을 잡은 것이니 서로 일변一邊만을 들었지만 앞에 두 가지 힘[180]을 인유하여 중생을 위하여 법을 설한다면 곧 어語와 의意의 두 가지 업業의 선법善法을 이루고,[181]
『본업경』의 세 가지 힘이 있다면 곧 신身과 의意의 두 가지 업의 선법을 이룰 것이니
삼매를 닦은 신통의 힘이 곧 의업인 까닭이다.
『양섭론』을 의지한다면 사택하는 힘을 인유하여 능히 일체 정행正行

179 원문에 보통報通은 영인본 화엄 6책, p.775, 1행엔 보득통報得通이라 하였다.
180 원문에 전이력前二力은 유식唯識의 두 가지 힘(二力)이다.
181 어語와 의意의 두 가지 업의 선법을 이룬다고 한 등은 두 가지의 힘은 이 의업意業이고, 중생을 위하여 법을 설하는 것은 이것은 어업語業인 까닭이라고 『잡화기』는 말한다.

등으로 상대하여 다스릴 바 장애를 절복하여 하여금 일어나지 않게 하는 까닭이요
닦아 익히는 힘을 인유하여 능히 일체 선행으로 하여금 견고하고 결정케 하는 것이다 하였다.
이미 일체 선행이라고 말하였다면 이것은 곧 두 가지 힘이[182] 삼업의 선법에 통한다는 것이다.
이 지위는[183] 제구지와 대동하나니
이것은 법사위에서 법을 잘 설하는 까닭이다.

鈔

依梁攝論者는 正思諸法過失과 及功德이니 此思擇力이 若得增勝인댄 自地惑이 所不能動하야 體性堅强일새 故名爲力이라 修習力者는 心緣此法하야 作於觀行하야 令心與法으로 和合成一이 猶如水乳하며 亦如熏衣하니라

『양섭론』[184]을 의지한다고 한 것은 모든 법의 허물과 그리고 공덕을

---

182 이것은 곧 두 가지 힘이라고 한 등은 비록 문장을 좇아 나타낸 까닭으로 다만 뒤에 힘(닦아 익히는 힘)만 첩석한 것이지만 이미 장애를 절복하였다고 한다면 그 이치는 반드시 따라 겸하는 까닭으로 이것은 두 가지 힘이 다 삼업의 선법에 통함을 함께 가리킨 것이다. 역시 『잡화기』의 말이다.
183 원문에 此位는 제구第九 선법행善法行이고, 此位 아래에 文勢라는 두 글자가 있으면 좋다.
184 양梁 자 아래 소문에는 섭攝 자가 있다.

바로 사택하는[185] 것이니,
이 사택하는 힘이 만약 더 수승함을 얻는다면 자기 지위의 번뇌[186]가 능히 움직이지 못하여 자체성이 견고하고 강한 바이기에 그런 까닭으로 이름을 힘(力)이라 하는 것이다.

닦아 익히는 힘이라고 한 것은 마음이 이 법을 인연하여 관행觀行을 지어 마음과 더불어 법으로 하여금 화합하여 하나를 이루게 하는 것이 마치 물과 우유와 같으며 또한 불탄 옷과[187] 같다.

---

185 바로 사택한다고 한 등은 처음에 힘(사택하는 힘)은 과거의 허물을 사택하여 절복하고, 뒤에 힘(닦아 익히는 힘)은 공덕을 사택하여 이루는 것이다. 역시 『잡화기』의 말이다.

186 원문에 자지혹自地惑은 그 당지當地에서 끊는 번뇌이니, 즉 초지初地면 초지初地에서 끊는 번뇌이다.

187 원문에 훈의熏衣는 냄새 배인 옷이라고 해석해도 좋다.

經

此菩薩이 爲一切世間의 天人魔梵과 沙門婆羅門과 乾闥婆等하야 作清涼法池하야 攝持正法하야 不斷佛種하나니

이 보살이 일체 세간의 하늘과 사람과 마군과 범천과 사문과 바라문과 건달바 등을 위하여 청량한 진리의 못을 만들어 정법을 섭수하고 가져 부처님의 종성이 끊어지지 않게 하나니

疏

二에 釋相中二니 前은 自分이요 後는 勝進이라 然此二段이 各具二力이니 至文當知리라 亦有三力하니 謂善知根緣과 一音普應과 成就十身이니 義該三通이라 初自分中에 先은 總明이요 後는 別顯이라 前中에 作清涼法池는 標也라 言含法喩하니 謂如無熱惱池가 清淨無濁이라 下二句는 釋이니 上句는 如池含於德水일새 故云攝持正法이라하며 下句는 以四辨才로 出願智等하야 饒益衆生호대 相續無盡하야 究竟에 入於一切智海일새 名不斷佛種이라하니 如彼大池가 流出四河하야 相續入海하니라

두 번째 모습을 해석한 가운데 두 가지가 있나니
앞에는 자분행이요,
뒤에는 승진행이다.
그러나 이 이단二段이 각각 두 가지 힘[188]을 갖추었나니

경문에 이르러 마땅히 알 수 있을 것이다.

또한 세 가지 힘이 있나니[189]

말하자면 널리 근본 인연을 아는 것과 한 음성으로 널리 응하는 것과 십신을 성취하는 것이니,

뜻이 삼통三通[190]을 갖추었다.

처음 자분행 가운데 먼저는 한꺼번에 밝힌 것이요,

뒤에는 따로 나타낸 것이다.

앞의 한꺼번에 밝힌 가운데 청량한 진리의 못을 만든다고 한 것은 표거한 것이다.

말이 법과 비유를 포함하였나니,

말하자면 열뇌가 없는 못이 청정하여 탁함이 없는 것과 같다.

아래의 두 구절[191]은 해석한 것이니,

위에 구절은 연못이 공덕의 물을 함유하고 있는 것과 같기에 그런 까닭으로 말하기를 정법을 섭수하여 가진다 하였으며

아래 구절은 네 가지 변재로써 서원과 지혜 등을 출생하여 중생을 요익케 하되 상속하여 다함이 없이 하여 구경에 일체 지혜의 바다에

---

188 원문에 二力은 사택思擇과 수습修習이다.

189 또한 세 가지 힘이 있다고 운운한 것은 이 위에는 곧 자분自分과 승진勝進이 다 이 수행인 까닭으로 두 가지 힘으로써 회통하고, 지금에는 곧 능히 알고 능히 응하는 등이 다 이 작용인 까닭으로 세 가지 힘으로써 회통한 것이다. 역시 『잡화기』의 말이다.

190 삼통三通은, 보지근연普知根緣은 보통報通이고, 일음보응一音普應은 수정통修定通이고, 성취시방成就十方은 변화통變化通이다.

191 원문에 下二句란, 작청량법지하作淸涼法池下에 二句이다.

들어가게 하기에 이름을 부처님의 종성이 끊어지지 않게 한다 하였으니,

마치 저 큰 못이 사방의 강으로 유출하여 상속해서 바다에 들어가는 것과 같다.

經

得清淨光明陀羅尼故로 說法授記에 辯才無盡하며 得具足義陀羅尼故로 義辯無盡하며 得覺悟實法陀羅尼故로 法辯無盡하며 得訓釋言辭陀羅尼故로 辭辯無盡하며 得無邊文句와 無盡義의 無礙門陀羅尼故로 無礙辯無盡하며 得佛灌頂陀羅尼로 灌其頂故로 歡喜辯無盡하며 得不由他悟陀羅尼門故로 光明辯無盡하며 得同辯陀羅尼門故로 同辯無盡하며 得種種義身과 句身文身中에 訓釋陀羅尼門故로 訓釋辯無盡하며 得無邊旋陀羅尼故로 無邊辯無盡하니라

청정한 광명의 다라니를 얻은 까닭으로 법을 설하고 수기함에 변재가 다함이 없으며
뜻을 구족한 다라니를 얻은 까닭으로 의義의 변재가 다함이 없으며
실상의 법을 깨닫는 다라니를 얻는 까닭으로 법의 변재가 다함이 없으며
말을 훈석하는 다라니를 얻은 까닭으로 말의 변재가 다함이 없으며
끝없는 문구文句와 다함이 없는 뜻의 걸림 없는 문門 다라니를 얻은 까닭으로 걸림이 없는 변재가 다함이 없으며
부처님의 관정 다라니로 그 머리에 관정함을 얻은 까닭으로 환희하는 변재가 다함이 없으며
다른 사람의 깨달음을 인유하지 않는 다라니를 얻은 까닭으로 광명의 변재가 다함이 없으며

같은 변재에 다라니문을 얻은 까닭으로 같은 변재가 다함이 없으며 가지가지 의신義身과 구신口身과 문신文身 가운데 훈석하는 다라니문을 얻은 까닭으로 훈석하는 변재가 다함이 없으며
끝없이 도는 다라니를 얻은 까닭으로 끝없는 변재가 다함이 없습니다.

疏

二에 得淸淨下는 別顯이라 文分爲二리니 初는 廣攝持正法이요 二에 此菩薩大悲下는 廣不斷佛種이라 今初也라 具十總持니 是攝持義라 十持爲體요 十辯爲用이라 初句는 爲總이니 寂障鑒法이 名淨光明이라 餘九는 爲別이니 初四는 卽四辯才라 四持는 卽池之德水요 四辯은 卽池之四口니라

두 번째 청정한 광명의 다라니를 얻은 까닭이라고 한 아래는 따로 나타낸 것이다.
경문을 나누어 두 가지로 하리니
처음에는 정법을 섭수하여 가진다고 한 것을 광설한 것이요
두 번째 이 보살이 대비가 견고하다고 한 아래는 부처님의 종성이 끊어지지 않게 한다고 한 것을 광설한 것이다.
지금은 처음으로 열 가지 다라니를 갖추었나니
이것은 섭수하여 가진다는 뜻이다.
열 가지 다라니는 자체가 되는 것이요,

열 가지 변재는 작용이 되는 것이다.
처음 구절은 총구가 되나니,
장애를 고요히 하고 법을 비추는 것이 이름이 청정한 광명이다.
나머지 아홉 구절은 별구가 되나니,
처음에 네 구절은 곧 네 가지 변재이다.
네 가지 다라니는 곧 못의 공덕 물이요
네 가지 변재는 못의 네 가지 입이다.

鈔

四辯은 卽池之四口者는 此中四河四口等은 皆依十定品이니 一에 東恒伽河는 從銀色象口하야 流出銀沙하니 合以義辯으로 說一切義요 二에 私陀河는 從金剛色師子口하야 流出金剛沙하니 合以法辯으로 說金剛句요 三에 信度河는 從金色牛口하야 流出金沙하니 合以詞辯으로 說隨順世間緣起요 四에 縛芻河는 從瑠璃色馬口하야 流出瑠璃沙하니 合菩薩摩訶薩도 亦復如是하야 以無盡辯으로 雨無盡百千億那由他不可說法等이라하고 下別合云호대 云何菩薩四河고 一은 願智河요 二는 波羅蜜河요 三은 三昧河요 四는 大悲河라하니 並如彼文하니라

네 가지 변재는 곧 못의 네 가지 입이라고 한 것은 이 가운데 네 가지 물[192]과 네 가지 입이라고 한 등은 다 십정품을 의지한 것이니

192 원문에 사하四河는 아뇩달지에서 흘러내리는 네 갈래 강물이니 항하恒河,

첫 번째 동쪽 항가물(恒伽河)은 은색 코끼리 입을 좇아 은모래를 유출하나니
의義 변재로써 일체의 의義를 설함에 법합한 것이요
두 번째 사타물은 금강색 사자 입을 좇아 금강모래를 유출하나니[193]
법의 변재로써 금강의 구절을 설함에 법합한 것이요
세 번째 신도물은 금색 소의 입을 좇아 금모래를 유출하나니
언사言詞의 변재로써 세간의 연기에 수순함을 설함에 법합한 것이요
네 번째 박추물은 유리색 말의 입을 좇아 유리모래를 유출하나니[194]
보살마하살도 또한 다시 이와 같아서 다함이 없는 변재로써 다함이 없는 백천억 나유타 불가설의 법을 비 내림에 법합한 등이라 하고,
그 아래에 따로 법합하여 말하기를 어떤 것이 보살의 네 가지 물인가.
첫 번째는 서원과 지혜의 물이요
두 번째는 바라밀의 물이요
세 번째는 삼매의 물이요
네 번째는 대비의 물이다 하였으니,
모두 저 십정품의 경문과 같다.

사타하私他河, 신도하信度河, 박추하縛芻河이다.

193 금강모래를 유출한다고 한 것은, 이 모래는 황금색인 까닭으로 세상 사람으로 하여금 환희케 함에 비유한 것이다. 역시 『잡화기』의 말이다.

194 유리모래를 유출한다고 한 것은 두루 젖는다(潤洽)는 뜻이 있는 까닭으로 세상 사람으로 하여금 은덕이 두루 젖게 함에 비유한 것이니, 진자권珍字卷 상권 19장, 상, 10행을 볼 것이다. 역시 『잡화기』의 말이다.

疏

五는 卽外力加辯이니 智水灌心故로 稱根令喜케하나니 此卽得辯之緣이라 六은 卽內力證辯이니 謂道契內心일새 光明外徹하나니 此乃得辯之因也라 七은 同類音辯이니 此約順機라 八訓釋辯이니 此約窮法이라 前四辯中엔 但明通相文句어니와 此明曲盡其源이라 義身은 卽當名身이니 名所詮故라 體是名境이요 義卽境義니 梵云得種種名身故라하니라 九는 總顯深廣이니 持辯無邊하야 旋有入空하며 旋空入有等일새 故無有邊이라하니라 皆言無盡者는 稱法界故니라

다섯 번째는 곧 외력外力[195]으로 가피한 변재이니,
지혜의 물이 마음에 관정하는 까닭으로 근기에 칭합하여 하여금 환희케 하나니
이것은 곧 변재를 얻는 인연이다.
여섯 번째는 곧 내력內力[196]으로 증득한 변재이니,
말하자면 도가 내심內心에 계합하기에 광명이 밖으로 사무치나니
이것은 이에 변재를 얻는 원인이다.
일곱 번째는 같은 유형의 음성 변재이니,
이것은 근기를 따름을 잡은 것이다.
여덟 번째는 훈석하는 변재이니,

195 외력外力이란, 불력佛力이다.

196 내력內力이란, 불유타오不由他悟이다.

이것은 법을 궁구함을 잡은 것이다.

앞의 네 가지 변재 가운데는 다만[197] 통상적 문구文句만 밝혔거니와

여기에서는 그 근원을 자세히 다 밝혔다.

의신이라고 한 것은 곧 명신名身[198]에 해당하나니

소전所詮을 이름한 까닭이다.

자체는 이 이름이 경계요[199] 뜻은 곧 경계의 뜻이니,

범본에 말하기를 가지가지 명신을 얻는 까닭이다 하였다.

아홉 번째는 깊고 넓은 것을 한꺼번에 나타낸 것이니,

다라니와 변재가 끝이 없어서 유를 돌려 공에 들어가며 공을 돌려

유에 들어가는 등이기에 그런 까닭으로 끝이 없다 하였다.

다 말하기를 다함이 없다고 한 것은 법계에 칭합한 까닭이다.

---

197 원문 但 자 아래에 明 자가 있으면 좋다.

198 명신名身은 구신句身, 문신文身으로 대비하는 것이다.

199 자체는 이 이름이 경계라 한 것은 뜻의 자체가 이 이름이라고 말하는 것이고, 바로 아래 경계의 뜻이라고 한 것은 이 경계 가운데 뜻이라는 것이다. 역시 『잡화기』의 말이다.

經

此菩薩이 大悲堅固하야 普攝衆生호대 於三千大千世界에 變身金色하야 施作佛事하고 隨諸衆生의 根性欲樂하야 以廣長舌로 於一音中에 現無量音하야 應時說法하야 皆令歡喜케하니라

이 보살이 대비가 견고하여 널리 중생을 섭수하되 삼천대천세계에 몸을 금색으로 변화하여 불사를 시작施作하고, 모든 중생의 근성과 욕락을 따라 광장설廣長舌로써 한 음성 가운데 한량없는 음성을 나타내어 때에 응하여 법을 설하여 다 하여금 환희케 합니다.

疏

第二는 廣前不斷佛種中에 文分三別하리니 初는 總明三業利生이요 二에 假使下는 假設深勝이요 三에 以得一切下는 總釋所以라 前二는 含於四河니 今初는 卽大悲河라 大悲堅固는 標其體也니 悲紹佛種일새 故首明之요 普攝衆生은 正明不斷이요 於三千下는 示其攝相이라

제 두 번째는 앞에 부처님의 종성이 끊어지지 않게 한다고 한 것을 광설한 가운데 경문을 세 가지로 다르게 나누리니
처음에는 삼업으로 중생을 이익케 함을 한꺼번에 밝힌 것이요
두 번째 가사 말할 수 없는 가지가지 업보라고 한 아래는 깊고 수승함을 가설한 것이요

세 번째 일체 지혜로 관정함을 얻은 까닭이라고 한 아래는 그 까닭을 한꺼번에 해석한 것이다.
앞에 두 가지는 네 가지 강물을 포함하고 있나니
지금은 처음으로 곧 대비의 물[200]이다.
대비가 견고하다고 한 것은 그 자체를 표거한 것이니,
대비로 부처님의 종성을 잇기에 그런 까닭으로 처음에 밝힌 것이요
널리 중생을 섭수한다고 한 것은 바로 끊어지지 않게 함을 밝힌 것이요
삼천대천세계라고 한 아래는 그 중생을 섭수하는 모습을 시현한 것이다.

200 원문에 대비하大悲河는 십정품十定品 가운데 제사第四에 대비하大悲河이다.

經

假使有不可說한 種種業報의 無數衆生하야 共會一處호대 其會廣大하야 充滿不可說世界어늘 菩薩이 於彼衆會中坐에 是中衆生이 一一皆有不可說阿僧祇口하야 一一口에 能出百千億那由他音하야 同時發聲호대 各別言辭하고 各別所問이라도 菩薩이 於一念中에 悉能領受하고 皆爲酬對하야 令除疑惑케하며 如一衆會中하야 於不可說衆會中에도 悉亦如是하니라

가사 가히 말할 수 없는 가지가지 업보의 수없는 중생이 있어서 함께 한곳에 모이되 그 모임이 광대하여 가히 말할 수 없는 세계에 충만하거늘 보살이 저 대중이 모인 가운데 앉음에 이 가운데 중생이 낱낱이 다 가히 말할 수 없는 아승지의 입이 있어서 낱낱 입에 능히 백천억 나유타 음성을 내어 동시에 소리를 일으키되 말이 각각 다르고 질문하는 바가 각각 다를지라도 보살이 한 생각 가운데 다 능히 알아서 받아들이고 다 대답하여 하여금 의혹을 제멸하게 하며

한 대중이 모인 가운데와 같아서 가히 말할 수 없는 대중이 모인 가운데도 다 또한 이와 같이 합니다.

疏

二는 假設深勝이라 於中有三하니 卽爲三河라 一은 大會斷疑니

明問答成就라 處多大衆하야 頓領頓酬는 由具諸度故니 卽波羅蜜河니라

두 번째는 깊고 수승함을 가설한 것이다.
그 가운데 세 가지가 있나니
곧 세 가지 물이 되는 것이다.
첫 번째는 대회에 중생의 의혹을 끊게 하는 것이니
문답하여 성취함을 밝힌 것이다.
수많은 대중에게 거처하여 모두 알아서 받아들이고 모두 대답한 것은 육바라밀을 갖춤을 인유한 까닭이니
곧 바라밀의 물이다.

經

復次假使一毛端處에 念念出不可說不可說道場衆會하며 一切毛端處에도 皆亦如是하야 盡未來劫인댄 彼劫可盡이나 衆會無盡거든 是諸衆會가 於念念中에 以各別言辭하고 各別所問이라도 菩薩이 於一念中에 悉能領受호대 無怖無怯하며 無疑無謬하야

다시 가사 한 털끝 처소에서 생각 생각에 가히 말할 수 없고 가히 말할 수 없는 도량에 모인 대중을 출생하며
일체 털끝 처소에서도 다 또한 이와 같이 하여 미래 세월이 다하도록 한다면 저 세월은 가히 다할 수 있지만 모인 대중은 다할 수 없거든 이 모든 모인 대중이 생각생각 가운데 말이 각각 다르고 질문하는 바가 각각 다를지라도 보살이 한 생각 가운데 다 능히 알아서 받아들이되 두려움도 없고 겁도 없으며 의심도 없고 잘못됨도 없어서

疏

二에 復次下는 微細斷疑라 前은 直明大會가 異問能答이요 今은 乃云於一毛端處에 有不可說이 如前大會하야 多劫殊問이라도 一念能答호대 不怖大衆하고 不怯文義하며 決斷揀擇하야 顯轉超勝이니 是三昧力이니 卽三昧河니라 故下經云호대 菩薩이 住此三昧하야 於自身의 一一毛孔中에 見不可說不可說佛刹에 微塵數諸

佛如來하며 亦見彼佛의 所有國土道場에 衆會聽法하며 乃至云호대 其諸衆生이 亦無迫隘하나니 何以故요 入不思議三昧境界故라하니 彼約聽法하고 此約答問하니 以之爲異요 餘義大同하니라 此約圓敎에 普賢位中일새 故於地前에 有斯自在어니와 非三乘中엔 得斯作用하니라

두 번째 다시라고 한 아래는 미세하게 의심을 끊는 것이다.
앞에서는 모인 대중이 질문을 달리할지라도 능히 답함을 바로 밝힌 것이요,
지금에는 이에 말하기를 한 털끝 처소에 가히 말할 수 없는 대중이 있는 것이 앞에 모인 대중과 같아서, 수많은 세월에 질문을 달리할지라도 한 생각에 능히 답하되 대중을 두려워하지도 않고 문의文義를 겁내지도 아니하며 결단코 간택[201]하여 전전히 초승함을 나타낸 것이니,
이것은 삼매의 힘이니 곧 삼매의 물이다.
그런 까닭으로 아래 경[202]에 말하기를 보살이 이 삼매에 머물러 자신의 낱낱 털구멍 가운데 가히 말할 수 없고 가히 말할 수 없는 부처님의 세계에 작은 티끌 수만치 많은 모든 부처님 여래를 친견하며
또한 저 부처님이 계시는 바 국토의 도량에 모인 대중이 법을 듣는 것을 친견하며

---

201 결단決斷은 의심이 없는 것이고, 간택揀擇은 착오가 없는 것이다.
202 아래 경이란, 십정품十定品이다.

내지 말하기를 그 모든 중생이 또한 급박하거나 비좁지[203] 않나니, 무슨 까닭인가.

사의할 수 없는 삼매의 경계에 들어가는 까닭이다 하였으니, 저 십정품에서는 법을 듣는 것만 잡았고 여기서는 묻는 것을 답하는 것만 잡았으니 그것이 다를 뿐 나머지 뜻은 대체로 같다.

이것은 원교에 보현의 지위 가운데를 잡았기에 그런 까닭으로 십지 이전[204]에 이 자재가 있거니와, 삼승교 가운데는 이 작용을 얻을 수 없다.

---

203 원문에 박애迫隘는 영인본 화엄 6책, p.781, 말행末行 下에 있나니, 동대東大 역경본은 비좁다고만 번역하였다.

204 원문에 전지前地는 地前이 옳다. 여기는 이미 교정되어 있다.

經

而作是念호대 設一切衆生이 以如是語業으로 俱來問我라도 我爲說法호대 無斷無盡하야 皆令歡喜하야 住於善道하며 復令善解一切言辭하야 能爲衆生하야 說種種法호대 而於言語에 無所分別하며 假使不可說不可說種種言辭로 而來問難이라도 一念悉領하야 一音咸答普使開悟하야 無有遺餘케하리라하나니

이와 같은 생각을 하기를 설사 일체중생이 이와 같은 어업으로써 함께 와서 나에게 물을지라도 내가 설법하되 끊어짐도 없고 다함도 없이 하여 다 하여금 환희하여 선도에 머물게 하며
다시 하여금 일체 말을 잘 알아 능히 중생을 위하여 가지가지 법을 설하되 언어에 분별하는 바가 없게 하며
가사 가히 말할 수 없고 말할 수 없는 가지가지 말로 와서 물을지라도 한 생각에 다 알아 한 음성으로 다 답하여 널리 하여금 열어 깨닫게 하여 유실하거나 남음이 없게 할 것이다 하나니

疏

三에 而作是念下는 周遍斷疑라 上擧毛端多衆은 猶有量故로 今明一切衆이 各具多言이라도 悉能答故니 卽願智河니 願智相導하야 悲救無休일새 故云作念이라하니라 文中에 先顯多衆이요 後에 假使下는 復顯多言이라

세 번째 이와 같은 생각을 하였다고 한 아래는 두루 의심을 끊는 것이다.

위에서 한 털끝에 수많은 대중을 거론한 것은 오히려 양이 있는 까닭으로 지금에는 일체중생이 각각 수많은 말을 갖추어 부를지라도 다 능히 답함을 밝힌 까닭이니,

곧 서원과 지혜의 물이니 서원과 지혜가 서로 인도하여 대비로 구원하되 쉼 없이 하기에 그런 까닭으로 말하기를 이와 같은 생각을 한다 하였다.

경문 가운데 먼저는 수많은 중생을 나타낸 것이요

뒤에 가사라고 한 아래는 다시 수많은 말을 나타낸 것이다.

經

以得一切智灌頂故며 以得無礙藏故며 以得一切法의 圓滿光明故며 具足一切智智故니라

일체 지혜로써 관정함을 얻은 까닭이며
걸림이 없는 창고를 얻은 까닭이며
일체법의 원만한 광명을 얻은 까닭이며
일체 지혜와 지혜를[205] 구족한 까닭입니다.

疏

第三에 總釋所以者는 所以得此四河하야 廣利者를 略擧四因이라 此之四因이 或以一因으로 成前四河하며 或以四因으로 成其一河하나니 一은 他佛外加故요 二는 自藏離礙故요 三은 所照法圓故요 四는 能照智具故라 或各配屬인댄 一은 同體悲加故요 二는 見心性故요 三은 諸度圓故요 四는 二智滿故니라

제 세 번째 그 까닭을 한꺼번에 해석한 것이라고 한 것은 이 네 가지 물을 얻어서 널리 이익케 하는 까닭을 간략하게 네 가지 원인으로 거론한 것이다.

205 일체 지혜와 지혜라고 번역한 것은 청량스님이 여기 초문에서 근본지와 후득지로 나눈 까닭이다. 다른 곳에는 일체 지혜의 지혜라 번역한 곳도 있으니 그때는 지중지智中智로 지혜 가운데 지혜라는 뜻이다.

이 네 가지 원인이 혹은 한 원인으로써 앞의 네 가지 물을 이루며
혹은 네 가지 원인으로써 그 한 가지 물을 이루나니
첫 번째는 다른 부처님이 밖으로 가피하는 까닭이요
두 번째는 자기의 창고가 장애를 떠난 까닭이요
세 번째는 비출 바 법이 원만한 까닭이요
네 번째는 능히 비추는 지혜를 구족한 까닭이다.

혹은 각각 배속한다면 첫 번째는 동체[206]대비로 가피하는 까닭이요
두 번째는 심성을 보는 까닭이요
세 번째는 모든 바라밀이 원만한 까닭이요
네 번째는 두 가지 지혜[207]가 원만한 까닭이다.

鈔

或各配屬下는 上卽通釋일새 故或一因으로 成四河等이요 今此下는 別配니 一에 同體悲加故는 卽第一에 以他佛外加로 爲大悲河因이요 二에 見心性故는 卽第二에 自藏離礙故니 自藏은 卽如來藏性이라 此卽心性이니 能觀心性이 名爲上定일새 故爲三昧河因이요 三에 諸度圓故는 卽第三에 所照法圓故니 爲波羅蜜河因이요 四에 二智圓滿故는 卽第四에 能照智具故니 爲願智河因이라 一切智는 是根本智요

206 동체 운운은 동체 上에 一이, 심성 上에 二가, 모든 上에 三이, 두 가지 上에 四라는 글자가 있어야 한다. 초문에도 타본에도 있다.

207 원문에 이지二智는 근본지根本智와 후득지後得智이다.

重言智者는 卽後得智니 後得智가 攝願故니라

혹은 각각 배속한다고 한 아래는 이 위에는 곧 통틀어 해석하였기에 그런 까닭으로 혹 한 원인으로 앞의 네 가지 물을 이룬다 한 등이요 지금 이 아래는 따로 배속한 것이니
첫 번째 동체[208]대비로 가피하는 까닭이라고 한 것은 곧 첫 번째[209] 다른 부처님이 밖으로 가피하는 것으로써 대비의 물의 원인을 삼는 것이요
두 번째 심성을 보는 까닭이라고 한 것은 곧 제 두 번째 자기의 창고가 장애를 떠난 까닭이니,
자기의 창고는 곧 여래장의 자성이다.
이것은 곧 심성이니,
능히 심성을 관찰하는 것이 이름이 최상의 삼매가 되기에 그런 까닭으로 삼매의 물의 원인을 삼는 것이요
세 번째 모든 바라밀이 원만한 까닭이라고 한 것은 곧 제 세 번째 비출 바 법이 원만한 까닭이니,
바라밀의 물의 원인을 삼는 것이요
네 번째 두 가지 지혜가 원만한 까닭이라고 한 것은 곧 제 네 번째 능히 비추는 지혜를 구족한 까닭이니,
서원과 지혜의 물의 원인을 삼는 것이다.

---

208 동체 上에 一 자가 있어야 한다.
209 원문 즉卽 자 아래 제일第一이라는 두 글자가 있어야 옳다.

일체 지혜라고 한 것은 이것은 근본지요.

거듭 지혜라고 말한 것은 곧 후득지이니

후득지가 서원을 섭수하는 까닭이다.

經

佛子야 此菩薩摩訶薩이 安住善法行已에

불자여, 이 보살마하살이 잘 법을 설하는 행行에 편안히 머문 이후에는

疏

第二에 佛子야 此菩薩下는 明勝進行이니 亦卽是前四河之相이라 文分爲二리니 初는 牒自分行成이라

제 두 번째 불자여, 이 보살이라고 한 아래는 승진행을 밝힌 것이니 또한 곧 앞에 네 가지 물의 모습이다.
경문을 나누어 두 가지로 하리니
처음에는 자분행이 이루어짐을 첩석한 것이다.

經

能自清淨하고 亦能以無所著方便으로 而普饒益一切衆生이나 不見有衆生도 得出離者니라

능히 스스로 청정하고 또한 능히 집착하는 바가 없는 방편으로써 널리 일체중생을 요익케 하지만 한 중생도 벗어남을 얻을 자가 있음을 보지 않습니다.

疏

二에 能自下는 正顯勝進이라 文分爲四리니 一은 辯四河清淨之義라

두 번째 능히 스스로 청정하다고 한 아래는 바로 승진행을 나타낸 것이다.
경문을 나누어 네 가지로 하리니
첫 번째는 네 가지 물의 청정한 뜻을 분별한 것이다.

經

如於此三千大千世界하야 如是乃至於不可說三千大千世界에도 變身金色하고 妙音具足하야 於一切法에 無所障礙하야 而作佛事하니라

이 삼천대천세계와 같아서 이와 같이 내지 가히 말할 수 없는 삼천대천세계에서도 몸을 금색으로 변화하고 묘한 음성을 구족하여 일체법에 장애하는 바가 없이 불사를 시작합니다.

疏

二에 如於此下는 辯四河入海에 無能障義니 於多界中에 化無障故니라

두 번째 이 삼천대천세계와 같다고 한 아래는 네 가지 물이 바다에 들어감에 능히 장애할 수 없는 뜻을 분별한 것이니,
수많은 세계 가운데서 교화하지만 장애가 없는 까닭이다.

經

佛子야 此菩薩摩訶薩이 成就十種身하나니 所謂入無邊法界하는 非趣身이니 滅一切世間故며 入無邊法界하는 諸趣身이니 生一切世間故며 不生身이니 住無生平等法故며 不滅身이니 一切滅하야 言說不可得故며 不實身이니 得如實故며 不妄身이니 隨應現故며 不遷身이니 離死此生彼故며 不壞身이니 法界性無壞故며 一相身이니 三世에 語言道斷故며 無相身이니 善能觀察法相故니라

불자여, 이 보살마하살이 열 가지 몸을 성취하나니
말하자면 끝없는 법계에 들어가는 육취가 아닌 몸이니
일체 세간에서 사라진 까닭이며
끝없는 법계에 들어가는 육취의 몸이니
일체 세간에 생겨나는 까닭이며
생겨나지 않는 몸이니
생겨남이 없는 평등한 법에 머무는 까닭이며
사라지지 않는 몸이니
일체가 사라져 언설로 가히 얻을 수 없는 까닭이며
진실하지 않는 몸이니
여실함을 얻은 까닭이며
허망하지 않는 몸이니
응함을 따라 나타나는 까닭이며

옮겨가지 않는 몸이니
이곳에서 죽어 저곳에 태어남을 떠난 까닭이며
무너지지 않는 몸이니
법계의 체성은 무너짐이 없는 까닭이며
한 모습의 몸이니
삼세에 언어의 길이 끊어진 까닭이며
모습이 없는 몸이니
법의 모습을 잘도 능히 관찰하는 까닭입니다.

疏

三에 佛子下는 辯此四河의 旋遶池義요 四에 菩薩成就下는 辨累劫入海나 無疲厭義라 三에 旋遶中에 謂成就隨順身語意業에 智爲先導니 身語意業이 四方流注하야 入智海故라 隨順은 卽是旋遶之義라

세 번째 불자여, 이 보살마하살이라고 한 아래는 이 네 가지 물이 아뇩달지를 도는 뜻을 분별한 것이요
네 번째 보살이[210] 이와 같은 열 가지 몸을 성취한다고 한 아래는 오랜 세월(累劫)토록 바다에 들어가지만 피곤하거나 싫어함이 없는 뜻을 분별한 것이다.

---

210 원문에 사보살四菩薩로부터 다음 줄 삼선요중三旋遶中까지는 소본에는 다 없다고 『잡화기』는 말한다. 영인본 화엄 6책, p.736, 1행이고 소문은 8행이다.

세 번째 아뇩달지를 도는 가운데 말하자면 신·어·의업이 수순함을 성취함에 지혜가 선도가 되나니
신·어·의업이 사방으로 흘러내려 지혜의 바다에 들어가는 까닭이다.
수순한다고 한 것은 곧 이것은 돈다는 뜻이다.

鈔

三에 旋繞中下는 疏文有二하니 先彰大意니 謂成就等은 卽十定經文이요 從隨順卽是下는 疏釋旋繞之相이라

세 번째 도는 가운데라고 한 아래는 소문에 두 가지가 있나니
먼저는 대의를 밝힌 것이니,
말하자면 성취한다고 한 등은 곧 십정품의 경문이요
수순한다고 한 것은 곧 이것이라고 한 것으로 좇아 아래는 소가가 도는 모습을 해석한 것이다.

疏

文中二니 先總標요 二에 所謂下는 別釋이니 皆上句는 標名이요 下句는 釋相이라 勒此十身하야 以爲五對하리니 一은 證滅示生對요 二는 不生不滅對요 三은 非實非虛對요 四는 不遷不壞對요 五는 一相無相對라 束此五對하면 不出體用이니 一一對中에 體用對辨하리라 第一對는 體用自體요 第二對는 體用之相이요 第三對는

體用之力이요 第四對는 體用之性이요 第五對는 體用之德이라 今初에 理無不證이 名入無邊法界요 世無不超가 名爲非趣니라 下釋中에 但釋非趣者는 謂若入法界인댄 必滅世間이요 若滅世間인댄 卽入法界니 標釋相成이라 此卽體之自體也니라 二는 用無不遍일새 故入無邊法界라하고 隨類受身일새 故云諸趣라하니라 此言入者는 應往之入이언정 不同上來에 證入之入이니 釋文可知라 此卽用之自體也니라 第二對에 初不生身은 卽前應用之身이 生而不生이라 言住無生平等法者는 有二義하니 一은 依體起用이니 用不離體故요 二는 體之與用이 平等無生故니 此卽用之相也니라 後不滅身은 卽前體滅하야 離言說故니 一은 因滅顯理나 理非滅故요 二는 寂滅之理는 離滅相故니 此卽體之相也니라 故上體滅과 現生之身이 卽以不生不滅로 爲相이라 第三對는 體有何力고 得如實理하야 離世俗之實也요 用有何力고 隨應而現일새 不同塵也니라 第四對는 用은 以何爲性고 隨流應而不遷이요 體는 以何爲性고 卽法界而無壞니라 第五對는 體有何德고 過去無始하고 未來無終하고 現在非有일새 故三世言斷이요 用有何德고 體卽無相이나 能照法相이라 故此十身이 不離體用이니 用有聚義하고 體具體依일새 皆得名身이라

경문 가운데 두 가지가 있나니
먼저는 한꺼번에 표한 것이요
두 번째 말하자면이라고 한 아래는 따로 해석한 것이니,

다 위에 구절은 이름을 표한 것이요
아래 구절은 모습을 해석한 것이다.
이 열 가지 몸을 묶어[211] 다섯 가지 상대를 하리니
첫 번째는 사라지는 것을 증득하는 것과 생겨남을 시현하는 것을 상대한 것이요
두 번째는 생겨나지 않는 것과 사라지지 않는 것을 상대한 것이요
세 번째는 진실하지 않는 것과 허망하지 않는 것을 상대한 것이요
네 번째는 옮기지 않는 것과 무너지지 않는 것을 상대한 것이요
다섯 번째는 한 모습과 모습이 없는 것을 상대한 것이다.

이 다섯 가지 상대를 묶는다면 자체와 작용을 벗어나지 않나니
낱낱 상대 가운데 자체와 작용으로 상대하여 분별하겠다.
제일의 상대는 자체와 작용의 자체요
제이의 상대는 자체와 작용의 모습이요
제삼의 상대는 자체와 작용의 힘이요
제사의 상대는 자체와 작용의 자성이요
제오의 상대는 자체와 작용의 공덕이다.

지금은 처음으로 진리를 증득하지 아니함이 없는 것이 이름이 끝없는 법계에 들어가는 것이요,
세계를 초월하지 아니함이 없는 것이 이름이 육취가 아닌 몸이

211 勒은 '묶을 륵' 자이다.

되는 것이다.

아래[212] 해석한 가운데 다만 육취가 아니라고만 해석한 것은 말하자면 만약 법계에 들어간다면 반드시 세간에서 사라진 것이요, 만약 세간에서 사라졌다면 곧 법계에 들어간 것이니, 서로 성립함을 표하여 해석한 것이다.

이것은 곧 자체의 자체이다.

두 번째는 작용이 두루하지 아니함이 없기에 그런 까닭으로 끝없는 법계에 들어간다 하였고, 유형을 따라 몸을 받기에 그런 까닭으로 말하기를 육취라 하였다.

여기에 들어간다고 말한 것은 응당 가서 들어간다고 한 것일지언정 상래에 증득하여 들어간다고 한 들어감과는 같지 않나니, 해석한 경문은 가히 알 수가 있을 것이다.

이것은 곧 작용의 자체이다.

제이의 상대에 처음에[213] 생겨나지 않는 몸이라고 한 것은 곧 앞에 응하여 작용하는 몸[214]이 생겨났지만 생겨난 적이 없다는 것이다.

생겨남이 없는 평등한 법에 머문다고 말한 것은 두 가지 뜻이 있나니 첫 번째는 자체를 의지하여 작용을 일으킨 것이니 작용이 자체를 떠나지 아니한 까닭이요 두 번째는 자체와 더불어 작용이 평등하여 생겨남이 없는 까닭이니

---

212 아래란, 표標와 석釋 가운데 석釋이다.

213 원문에 初는 불생문不生門이요, 後는 불멸문不滅門이다.

214 원문에 전응용신前應用身은 곧 제취신諸趣身이다.

이것은 곧 작용의 모습이다.
뒤에 사라지지 않는 몸이라고 한 것은 곧 앞에 자체가 사라져 언설을 떠난 까닭이니
첫 번째는 사라짐을 인하여 진리를 나타내었지만 진리는 사라지지 않는 까닭이요
두 번째는 적멸한 진리는 사라지는 모습을 떠난 까닭이니
이것은 곧 자체의 모습이다.
그런 까닭으로 위에 자체가 사라지는 몸과 현재 생겨나는 몸이 곧 생겨나지도 않고 사라지지도 않는 몸으로 모습을 삼는 것이다.

제삼의 상대는 자체는 무슨 힘이 있는가.
여실한 진리를 얻어서 세속의 진실을 떠나는 것이요
작용은 무슨 힘이 있는가.
응함을 따라 나타나기에 진세와는 같지 않는 것이다.

제사의 상대는 작용은 무엇으로 자성을 삼는가.
중생을 따라 응하지만 옮겨가지 않는 것이요
자체는 무엇으로 자성을 삼는가.
곧 법계는 무너짐이 없는 것이다.

제오의 상대는 자체는 무슨 공덕이 있는가.
과거는 시작이 없고 미래는 끝이 없고 현재는 있지 않기에 그런 까닭으로 삼세에 말이 끊어진 것이요

작용은 무슨 공덕이 있는가.
자체는 곧 모습이 없지만 능히 법의 모습을 비추는 것이다.
그런 까닭으로 이 열 가지 몸이 자체와 작용을 떠나지 않나니 작용은 모은다는 뜻이 있고, 자체는 자체를 의지한다는 뜻을 갖추었기에 다 몸이라고 이름함을 얻는 것이다.

疏

體外無用일새 用卽是體요 用外無體일새 體卽是用이니 體卽法性이요 用卽智應이라 二旣不二인댄 理智圓融하야 唯一無礙法界之身이라

자체 밖에 작용이 없기에 작용이 곧 자체요
작용 밖에 자체가 없기에 자체가 곧 작용이니
자체는 곧 법성이요, 작용은 곧 지혜의 응용이다.
이 둘이 이미 둘이 아니라고 한다면 이理와 지智가 원융하여 오직 하나의 걸림 없는 법계의 몸이 되는 것이다.

鈔

體外無用下는 二에 融體用爲法界요 言用卽智應者는 兼融三身하야 以爲一體니라

자체 밖에 작용이 없다고 한 아래는 두 번째 자체와 작용을 융합하여

법계를 삼는 것이요
작용은 곧 지혜의 응용이라고 말한 것은 삼신을 겸하여 융합하여 하나의 자체를 삼는 것이다.

疏

隨相顯十은 以表無盡이라

모습을 따라 열 가지 몸을 나타낸 것은 끝이 없음을 표한 것이다.

鈔

隨相顯十者는 三에 出十身之由니라

모습을 따라 열 가지 몸을 나타내었다고 한 것은 세 번째 십신을 나타내는 이유를 설출한 것이다.

疏

一乘은 圓融할새 地前能爾니라

일승은 원융하기에 십지 이전에 능히 그렇게 할 수 있는 것이다.

鈔

一乘圓融下는 四에 通妨難이니 以有難云호대 地前未證거니 何得爾耶아할새 故爲此答하니라

일승은 원융하다고 한 아래는 네 번째 방해하여 비난함을 통석한 것이니,
어떤 사람이 비난하여 말하기를 십지 이전은 아직 증득하지 못하였거니 어찌 그러함을 얻겠는가 하기에 그런 까닭으로 이 답을 한 것이다.

疏

更有餘義는 如十地와 離世間品明하니라 此略擧成就隨順之身이나 言身인댄 兼語意也니라

다시 나머지 뜻이 있는 것은 십지품과 이세간품에서 밝힌 것과 같다.
여기서는 간략하게 수순하는 몸을 성취하는 것만 거론하였지만 몸을 말하였다면 어업을 겸한 것이다.

鈔

更有餘義者는 五에 指廣有本이니 卽是彼十이라 一은 卽威勢身이니

菩薩衆中에 威光赫奕하야 滅諸闇故요 二는 卽意生身이니 遍趣生故요 三은 卽菩提身이니 正覺無生故요 四는 卽福德身이니 福絶三際하야 不可說故요 五는 卽智身이니 智契實理故요 六은 卽化身이니 隨應現故요 七은 卽力持身이니 力持不變故요 八은 卽法身이니 法界性故요 九는 卽相好莊嚴身이니 十蓮華藏相이 同於一相하야 周法界故요 十은 卽願身이니 願轉法故며 觀法相無相이나 現相하야 無所不周故니라 經云호대 毘盧遮那佛이 願力周法界하사 一切國土中에 恒轉無上輪이라하니라 斯卽十地中義어니와 會於離世間十佛인댄 同前十地에 已會十身하니라 然彼約佛身하고 今約菩薩所得이니 則望彼皆因이라 以因望果일새 故小有不同이나 而圓融交徹일새 故得例彼니라 若不例彼하고 當文自釋이라도 義亦無遺니라 又顯十身의 五體五用이니 謂威勢福德과 智法相好의 此五는 皆體요 餘五는 爲用이라 體卽是眞이요 用卽是應이니 眞應二身이 融爲一味니라

다시 나머지 뜻이 있다고 한 것은 다섯 번째 널리 근본이 있음을 가리킨 것이니
곧 저 십지품의 십신이다.
첫 번째는 곧 위세신이니 보살의 대중 가운데 위세의 광명이 밝고 밝아 모든 어둠을 제멸하는 까닭이요
두 번째는 곧 의생신이니 두루 육취에 태어나는 까닭이요
세 번째는 곧 보리신이니 바로 생겨남이 없음을 깨닫는 까닭이요
네 번째는 곧 복덕신이니 복이 삼세를 초월하여 가히 말할 수 없는 까닭이요

다섯 번째는 곧 지혜신이니 지혜가 진실한 진리에 계합하는 까닭이요
여섯 번째는 곧 화신이니 응함을 따라 나타나는 까닭이요
일곱 번째는 곧 역지신이니 힘으로 호지하는 것이 변하지 않는 까닭이요
여덟 번째는 곧 법신이니 법계의 자체성인 까닭이요
아홉 번째는 곧 상호장엄신이니 열 가지 연화장 세계의 모습이 한 모습과 같아서 법계에 두루하는 까닭이요
열 번째는 곧 원신이니 법륜 전하기를 서원하는 까닭이며
법의 모습이 모습이 없지만 모습을 나타내어 두루하지 않는 바가 없음을 관찰하는 까닭이다.
『십지경』에 말하기를
비로자나 부처님이
원력으로 법계에 두루하여
일체 국토 가운데
항상 더 이상 없는 법륜을 전한다 하였다.
이것은 곧 십지품 가운데 뜻이어니와, 이세간품의 십불을 회석한다면 앞의 십지품에 이미 십신을 회석한 것과 같다.
그러나 저 십지품에는 불신을 잡았고 지금에는 보살이 얻은 바 몸을 잡은 것이니,
곧 저 십지품을 바라봄에 다 원인이 되는 것이다.
원인으로써 결과[215]를 바라보기에 그런 까닭으로 조금 같지 아니함이 있지만, 원융으로 서로 사무치기에 그런 까닭으로 저 십지의 비례함

을 얻는 것이다.

만약 저 십지에 비례하지 않고 지금의 경문을 스스로 해석할지라도 뜻이 또한 유실함이 없는 것이다.

또 십신의 다섯 가지 자체와 다섯 가지 작용을 나타낸 것이니, 말하자면 위세신과 복덕신과 지신과 법신과 상호장엄신의 이 다섯 가지는 다 자체요

나머지 다섯 가지 몸은 작용이 되나니,

자체는 곧 진신이요

작용은 곧 응신이니

진신과 응신[216]의 두 몸이 융합하여 한맛의 몸이 되는 것이다.

215 원인(因)은 보살菩薩이고, 결과(果)는 부처님(佛)이다.

216 원문 應 자 아래 同 자는 연자衍字로 보는 것이 좋다.

經

菩薩이 成就如是十種身하야 爲一切衆生舍하나니 長養一切善根故며 爲一切衆生救하나니 令其得大安隱故며 爲一切衆生歸하나니 與其作大依處故며 爲一切衆生導하나니 令得無上出離故며 爲一切衆生師하나니 令入眞實法中故며 爲一切衆生燈하나니 令其明見業報故며 爲一切衆生光하나니 令照甚深妙法故며 爲一切三世炬하나니 令其曉悟實法故며 爲一切世間照하나니 令入光明地中故며 爲一切諸趣明하나니 示現如來自在故니라

보살이 이와 같은 열 가지 몸을 성취하여 일체중생의 집이 되나니
일체 선근을 장양하는 까닭이며
일체중생의 구호자가 되나니
그 중생으로 하여금 크게 안은함을 얻게 하는 까닭이며
일체중생의 귀의처가 되나니
그 중생으로 더불어 크게 의지하는 곳을 짓는 까닭이며
일체중생의 인도자가 되나니
하여금 더 이상 없는 벗어남을 얻게 하는 까닭이며
일제 중생의 스승이 되나니
하여금 진실한 법 가운데 들어가게 하는 까닭이며
일체중생의 등불이 되나니
그 중생으로 하여금 업보를 분명히 보게 하는 까닭이며
일체중생의 광명이 되나니

하여금 깊고도 깊은 묘한 법을 비추게 하는 까닭이며
일체 삼세의 횃불이 되나니
그 중생으로 하여금 진실한 법을 깨닫게 하는 까닭이며
일체 세간에 비춤이 되나니
하여금 광명의 지위 가운데 들어가게 하는 까닭이며
일체 육취의 광명이 되나니
여래의 자재함을 시현하는 까닭입니다.

疏

四는 顯無疲厭이니 謂四河入海나 累劫無疲하나니 菩薩亦爾하야 以普賢行願으로 盡未來劫토록 修菩薩行하야 入如來海나 不生疲厭일새 是以로 廣顯與生으로 爲歸爲救等하니라 文中先은 牒前所成之身하야 爲益他之本이요 爲一切下는 正顯成益이라 句別有十하니 在文可見이라 十地又明일새 今略其要리라 俗須委示일새 故名爲燈이요 眞但高明일새 故目爲炬요 甚深은 則能所不二가 如光合空이요 爲照爲明은 但約入地와 示德이 爲異니라

네 번째는 피곤하거나 싫어함이 없음을 나타낸 것이니,
말하자면 네 가지 물이 바다에 들어가지만 오랜 세월토록 피곤해함이 없나니, 보살도 또한 그러하여 보현의 행원으로써 미래 세월이 다하도록 보살의 행을 닦아 여래의 바다에 들어가지만 피곤하거나 싫어하는 생각을 내지 않기에 이런 까닭으로 중생으로 더불어 귀의

처가 되고 구호자가 된다는 등을 폭넓게 나타내었다.

경문 가운데 먼저는 앞에서 이룬 바 몸을 첩석하여 다른 사람을 이익케 하는 근본을 삼는 것이요
일체중생의 집이 된다고 한 아래는 바로 이익을 이루는 것을 나타낸 것이다.
구절의 다른 것이 열 가지가 있나니,
경문에 있으므로 가히 볼 수 있을 것이다.
십지품에도 또한 밝혔기에 지금에는 그 요점만 간략하게 거론하겠다.
속제는 자세히 몸을 수구하기에 그런 까닭으로 이름하여 등불이 된다 한 것이요
진제는 다만 높이 밝히기만 하기에 그런 까닭으로 명목하여 횃불이 된다 한 것이요
깊고도 깊다고 한 것은 곧 능·소가 둘이 아닌 것이 마치 광명이 허공에 합하는 것과 같은 것이요
비춤이 되고 밝음이 된다고 한 것은 다만 지위에 들어가는 것과 여래의 공덕을 시현하는 것이 다름이 됨을 잡은 것이다.

經

佛子야 是名菩薩摩訶薩의 第九善法行이니 菩薩이 安住此行하야 爲一切衆生하야 作清涼法池하야 能盡一切佛法源故니라

불자여, 이것이 이름이 보살마하살의 제 아홉 번째 잘 법을 설하는 행이니
보살이 이 행에 편안히 머물러 일체중생을 위하여 청량한 법의 못을 지어 능히 일체 불법의 근원을 다하는 까닭입니다.

疏

第三에 佛子已下는 結歎이라 分二리니 先은 結名이요 後에 菩薩安住下는 歎勝이니 盡法源故니라 以清涼法池는 卽是行體일새 故로 標結皆擧니 顯中是其相이라

세 번째 불자라고 한 이하는 맺어서 찬탄한 것이다.
두 가지로 나누리니
먼저는 이름을 맺는 것이요
뒤에 보살이 이 행에 편안히 머문다고 한 아래는 수승함을 찬탄한 것이니
불법의 근원을 다하는 까닭이다.
청량한 법의 못이라고 한 것은 곧 이것은 행의 자체이기에 그런 까닭으로 표거[217]와 결탄에 다 거론한[218] 것이니,

석상釋相 가운데 그 행의 모습을 나타낸 것이다.

217 원문에 표標란, 영인본 화엄 6책, p.720, 2행, 二에 釋相中自分에 작청량법지作淸凉法池는 標也라 한 것이요, 結이란 今에 결탄結歎이다.

218 원문에 개거皆擧란, 청량법지淸凉法池를 표거와 결탄에 다 거론하였다는 것이다.

經

佛子야 何等이 爲菩薩摩訶薩의 眞實行고

불자여, 어떤 등이 보살마하살의 진실한 행이 되는가.

疏

第十은 眞實行이니 文三은 同前하니라 初에 徵名者는 如本分釋이니 體卽智度니라

제 열 번째는 진실한 행이니,
경문에 세 가지[219]는 앞에서와 같다.
처음에 이름을 물은 것은 본분의 해석과 같나니,
행의 자체가 곧 지혜바라밀이다.

鈔

初徵名者는 卽言行不虛일새 故名眞實요 又稱二諦故니라 故瓔珞經云호대 二諦非如며 非相非非相일새 故名爲眞實이라하니라 次經卽云호대 誠諦之語等은 卽釋名也라 體卽智下는 不出別體니라

처음에 이름을 물은 것이라고 한 것은 곧 말과 행동이 헛되지 않기에

219 文三이란 징명徵名, 석상釋相, 결탄結歎이다.

그런 까닭으로 진실이라 이름하고 또 이제라 이름하는 까닭이다. 그런 까닭으로 『영락경』에 말하기를 이제는 여如도 아니며 상相도 아니며 비상非相도 아니기에 그런 까닭으로 이름을 진실이라 한다 하였다.
다음 경[220]에 곧 말하기를 성제誠諦의 말이라고 한 등은 곧 이름을 해석한 것이다.

행의 자체가 지혜바라밀이라고 한 아래는 별체別體를 벗어나지 않는다[221]는 것이다.

疏

今更略釋하리라 若約二智인댄 受用法樂과 成熟有情이니 並如行能說하며 如說能行이 卽是眞實이라 本業有三하니 一은 無相智니

---

220 원문에 차경次經이란, 영인본 화엄 6책, p.739, 말행末行에 있다.

221 별체를 벗어나지 않는다고 한 것은 그 뜻에 말하기를 진실한 행이라고 한 이름은 이미 말과 행동이 헛되지 않고 그리고 이제二諦 등에 칭합하여 세운 것이니 곧 이것은 이름이 곧 지혜이지만, 그러나 지금에는 자체가 곧 지혜라 말하니 이것은 이름으로써 자체를 설출한 것이다. 그런 까닭으로 다음 경 소문 가운데 과목을 두어 말하기를 이름의 자체를 한꺼번에 나타낸 것이다 하였다. 역시 『잡화기』의 말이다.
또 원문에 불출별체不出別體라고 한 것은, 이 총체總體가 아래 이지삼지등二智三智等 별체別體를 벗어나지 않는다는 것이다. 또 지도智度도 第六에 반야般若로써 자체自體를 삼는 까닭으로 그 별체別體를 벗어나지 않는다는 것이다.

卽受用法樂이요 二는 一切種智요 三은 變化智니 皆成熟有情이라 下文에 入一切三昧眞實相은 卽受用法樂智요 知衆生種種想等은 卽成熟有情이요 知十力智는 是一切種이요 不著一切世間하며 解衆生無際는 卽無相智요 我爲善變化와 及示現如來自在神通은 卽變化智니라

지금에 다시 간략하게 해석하겠다.
만약 두 가지 지혜를 잡는다면 법락을 수용하는 지혜와 유정을 성숙케 하는 지혜이니,
모두 행함[222]과 같이 능히 설하며 설함과 같이 능히 행한다고 한 것이 곧 진실한 행이다.

『본업경』에는 세 가지가 있나니
첫 번째는 무상지이니
법락을 수용하는 지혜요
두 번째는 일체종지요,
세 번째는 변화지이니
다 유정을 성숙케 하는 지혜이다.

아래 경문에 일체 삼매의 진실한 모습에 들어간다[223]고 한 것은 곧 법락을 수용하는 지혜요

222 원문에 여행如行 운운은 영인본 화엄 6책, p.739, 말행末行이다.
223 원문에 입일체入一切 운운은 같은 책 p.747, 6행이다.

중생의 가지가지 생각 등을 안다[224]고 한 것은 곧 유정을 성숙케 하는 지혜요

십력의 지혜를 안다[225]고 한 것은 이것은 일체종지요

일체 세간에 집착하지 않는[226] 까닭이며 중생이 끝이 없음을 아는 까닭이라고 한 것은 곧 무상지요

내가 잘 변화함이 된다[227]고 한 것과 그리고 여래의 자재한 신통을 시현한다[228]고 한 것은 곧 변화지이다.

鈔

今更略釋은 於中有三하니 初는 依唯識二智라 而論但列其名거늘 無性釋云호대 由施等六하야 成立此智하며 復由此智하야 成立六種하나니 謂相數等種種品類는 是則名爲受用法樂이며 由此妙智하야 能正了知此施와 此戒此忍進等하고 如所聞法하야 饒益一切有情之類는 是則名爲饒益有情智라하니라 本業有三下는 二에 約本業하야 便會上二智요 下文云下는 三에 依下經하야 會上經論이니 先은 會唯識論이요 後에 知十方智下는 會前本業이라

---

224 원문에 지중생知衆生 운운은 같은 책 p.746, 말행이다.

225 원문에 지십력지知十力智는 같은 책 p.742, 말행이다.

226 원문에 불착不着 운운은 같은 책 p.744, 5행이다.

227 원문에 아위我爲 운운은 같은 책 p.744, 7행이다.

228 원문에 시현여래示現如來 운운은 같은 책 p.746, 1행이니 通은 力 자로 되어 있다.

지금에 다시 간략하게 해석하겠다고 한 것은 그 가운데 세 가지가 있나니

처음에는 『유식론』의 두 가지 지혜를 의지한 것이다.

『유식론』에는 다만 그 지혜의 이름만 열거하였거늘, 무성이 해석하여 말하기를 보시 등 육바라밀을 인유하여 이 지혜를 성립하며, 다시 이 지혜가 있어서 여섯 가지[229]를 성립하나니,

말하자면 상相과 수數[230] 등 가지가지 품류는 이것은 곧 이름이 법락을 수용하는 지혜가 되며,

이 묘한 지혜를 인유하여 능히 바로 이 보시[231]와 이 지계와 이 인욕과 정진 등을 요달하여 알고, 들은 바 법문과 같이 일체 유정을 요익케 하는 품류는 이것은 곧 이름이 유정을 요익케 하는 지혜가 되는 것이다 하였다.

『본업경』에 세 가지가 있다고 한 아래는 두 번째 『본업경』을 잡아서 곧 위에 두 가지 지혜를 회석한 것이요

아래 경문[232]이라고 말한 아래는 세 번째 아래 경을 의지하여 위에 『본업경』과 『유식론』을 회석한 것이니,

---

229 여섯 가지라고 한 것은 이것은 보시 등 육바라밀이니 진자권辰字卷 하권, 20장을 보라고 『잡화기』는 말한다.

230 상교相敎는 본론에 數와 相이니 謂六度의 數와 相이라 하였으니 敎 자를 數 자로 고친다. 그러면 數와 相이나 相과 數는 그 뜻이 같다.

231 원문 此施 아래에 此戒가 있는 것이 좋다. 따라서 보증하여 번역하였다.

232 원문에 下經이란, 今經이다.

먼저는 『유식론』을 회석한 것이요

뒤에[233] 십력의 지혜를 안다고 한 아래는 앞에 『본업경』을 회석한 것이다.

233 원문 지知 자 위에 후後 자가 있어야 한다.

經

此菩薩이 成就第一誠諦之語하야 如說能行하며 如行能說하니라

이 보살이 제일로 성실히 살피는[234] 말을 성취하여 설함과 같이 능히 행하며
행함과 같이 능히 설하는 것입니다.

疏

就釋相中하야 文分三別하리니 第一은 總顯名體요 二는 別顯行相이요 三은 結住行益이라 今初에 初句는 總標요 後에 如說下는 解釋이라 謂言行相符일새 故名誠諦니 誠實審諦가 卽眞實義니라

행의 모습을 해석한 가운데 나아가 경문을 세 가지로 다르게 나누리니
첫 번째는 이름의 자체를 한꺼번에 나타낸 것이요
두 번째는 행의 모습을 따로 나타낸 것이요
세 번째는 행에 머무는 이익을 맺는 것[235]이다.
지금은 처음으로 처음 구절은 한꺼번에 표한 것이요
뒤에 설함과 같이라고 한 아래는 해석이다.
말하자면 말과 행동이 서로 부합하기에 그런 까닭으로 성실히 살핀다 이름하나니,

234 원문에 성제誠諦는 성실실제誠實悉諦니 영인본 화엄 6책, p.740, 3행에 있다.
235 원문에 三에 결주행익結住行益은 같은 책 p.751, 1행이다.

성실히 살피는 것이 곧 진실의 뜻이다.

鈔

誠實審諦者는 次下疏文에 引下經釋하니라 有用金剛四語釋云호대 眞語는 爲顯世諦故요 實語는 爲顯世諦修行에 有煩惱와 無煩惱와 及淸淨相故니 此行煩惱며 此行淸淨故니라 如語者는 爲顯第一義相故요 不異語者는 顯第一義修行에 有煩惱와 及淸淨故라하니라

성실히 살핀다고 한 것은 이 다음 아래 소문에서 아래 경문을 인용하여[236] 해석하였다.
어떤 사람이 『금강경』에[237] 네 가지 말을 인용하여 해석하여 말하기를
진어라고 한 것은 세제를 나타내는 까닭이요
실어라고 한 것은 세제를 수행함에 번뇌가 있는 것과 번뇌가 없는[238]

---

236 원문에 차하소문次下疏文은 九行에 此有二義 운운이요, 인하경석引下經釋은 末行에 下文云我若先成 운운이다.

237 어떤 사람이 『금강경』 운운은 이 이름이 스스로 두 가지 해석이 있지만 그러나 소문 가운데 다만 앞의 뜻만 인용한 까닭으로 여기에 어떤 사람의 해석을 인용하여 뒤의 뜻을 삼았으니 네 가지 말 가운데 처음에 두 가지 말은 속제라 이름하고, 뒤에 두 가지 말은 진제라 이름하나니 합하여 성실어誠實語라 하는 것이다. 역시 『잡화기』의 말이다.

238 원문에 무번뇌無煩惱란, 연자衍字인 듯하다. 이유는 바로 아래 구句에 청정상淸淨相이 이 무번뇌無煩惱인 까닭이다. 그렇기에 다음 해석 가운데 다만 번뇌(有煩惱)와 청정淸淨만 해석하였다. 그리고 아래 수행修行도 此行은 번뇌며 此行은 청정고淸淨故라 하였다.

것과 그리고 청정한 모습을 나타내는 까닭이니,[239]
이 행은 번뇌의 모습이며 이 행은 청정한 모습인 까닭이다.
여어라고 한 것은 제일의제의 모습을 나타내는 까닭이요
불리어라고 한 것은 제일의제를 수행함에 번뇌가 있는 것과 그리고 청정한 모습을 나타내는 까닭이다 하였다.

疏

此有二義하니 一은 約先誓自他二利니 決志具修호대 今如昔說히 決能行之하고 亦如此行히 以爲他說일새 故下文云호대 我若先成인댄 則違本願等이라하니라 二는 約現修自他二行이니 如所演說히 決定能行하고 非數他寶일새 故云如說能行이라하며 亦如所證히 宣示於人호대 不昧所知가 名如行能說이라하니라

여기에 두 가지 뜻이 있나니[240]
첫 번째는 먼저 자리와 이타의 두 가지 이익을 서원함을 잡은 것이니, 뜻을 결정하여 갖추어 수행하되 지금에 옛날의 말한 것과 같이 결정코 능히 행하고, 또한 여기에서 행함과 같이 다른 사람을 위하여

239 원문 故 자 아래에 어중실자於中實者 네 글자는 연자衍字이다.

240 두 가지 뜻이 있다 운운한 것은 처음에 뜻은 두 개의 행行 자와 설說 자가 각각 두 가지 이익(자리와 이타이다)에 통하고, 뒤에 뜻은 곧 행行 자는 자리행自利行을 잡은 것이고 설說 자는 사람에게 선설하여 보이는 것(이타행)을 잡은 것이다. 역시 『잡화기』의 말이다.

설하기에 그런 까닭으로 아래 경문에 말하기를 내가 만약 먼저 보리를 성취하려 한다면 곧 본래의 서원을 어기는 것이다 한 등이라 하였다.

두 번째는 현재 자리와 이타의 두 가지 행을 닦음을 잡은 것이니, 연설한 바와 같이 결정코 능히 행하고 다른 사람의 보배를 헤아리지 않기에 그런 까닭으로 말하기를 설함과 같이 능히 행한다 하였으며, 또한 증득함과 같이 사람에게 선설하여 보이되 아는 바에 우매하지 않는 것이 이름이 행함과 같이 능히 설하는 것이다 하였다.

鈔

二에 約現修自他二行者는 卽由實語故로 所作皆成이라 如涅槃第三十一說호대 昔與調達로 二人入海하야 採寶船破나 二人不死하고 調達悲泣거늘 我有二珠하야 分一與之하니 又貪一珠하야 遂刺我目거늘 我時呻吟하니 有一女人하야 問我거늘 我卽具答한대 女人問言호대 汝名何等고 我卽答言호대 我名實語라 彼云誰信고 我卽答言호대 我於提婆達多에 無惡心者라하면 令我兩目으로 平復如故리라하고 言訖如故라하며 忍辱仙人도 亦同此例하나니 同在此卷하니라 又如說能行은 亦是如語요 如行能說은 卽不異語也니라

두 번째 현재 자리와 이타의 두 가지 행을 닦음을 잡았다고 한 것은 곧 실어를 인유한 까닭으로 지을 바를 다 이루는 것이다. 저 『열반경』 제삼십일권에 말하기를 옛날에 조달調達과 더불어 두

사람이 바다에 들어가 보배를 캐다가 배가 파손되었지만 두 사람은 죽지 않았고 조달은 슬피 울거늘[241] 내가 두 개의 구슬이 있어 하나를 나누어 주니 또한 한 구슬마저 탐하여 마침내 나의 눈을 찌르거늘, 내[242]가 그때에 신음하니 한 여인이 있어 나에게 그 연유를 묻거늘 내가 곧 갖추어 대답한대, 여인이 물어 말하기를 그대는 이름이 무엇인가.

내가 곧 답하여 말하기를 나의 이름은 실어實語이다.

저 여인이 말하기를 무엇으로 믿겠는가.

내가 곧 답하여 말하기를 내가 제바달다에게 나쁜 마음이 없다 하면 그대는 나의 두 눈으로 하여금 평소대로 회복하여 옛날과 같게 해야 할 것이다 하고 말을 마침에 옛날과 같게 되었다 하였으며, 인욕선인도 또한 이 예와 같나니

다 이 『열반경』 삼십일권에 있다.

또 설함과 같이 능히 행한다고 한 것은 역시 여어요

행함과 같이 능히 설한다고 한 것은 곧 불리어이다.

---

241 원문에 조달비읍調達悲泣이란, 조달調達이 一珠도 얻지 못한 까닭으로 슬피운 것이다.

242 원문에 我는 석가모니이니 과거 인욕선인 시절 얘기이다.

經

此菩薩이 **學三世諸佛眞實語**하며 **入三世諸佛種性**하며 **與三世諸佛**로 **善根同等**하며 **得三世諸佛無二語**하며 **隨如來學**하야 **智慧成就**하니라

이 보살이 삼세에 모든 부처님의 진실한 말을 배우며
삼세에 모든 부처님의 종성에 들어가며
삼세에 모든 부처님으로 더불어 선근이 같으며
삼세에 모든 부처님의 둘이 없는 말을 얻으며
여래를 따라 배워 지혜를 성취합니다.

疏

第二에 此菩薩學三世下는 別顯行相이라 文分二別하리니 先은 標章이요 後는 依章別釋이라 今初에 文有五句하니 一은 稱實演法이 師子吼故요 二는 深住實相하야 契一性故요 三은 二利善根이 等同佛故요 四는 得如說行이 同本誓故요 五는 學佛十力하야 智已成故라

제 두 번째 이 보살이 삼세에 모든 부처님의 진실한 말을 배운다고 한 아래는 행의 모습을 따로 나타낸 것이다.
경문을 두 가지로 다르게 나누리니
먼저는 문장을 표한 것이요

뒤에는 문장을 의지하여 따로 해석한 것이다.

지금은 처음으로 경문에 다섯 구절이 있나니
첫 번째는 진실에 칭합하여 법을[243] 연설하는 것이 마치 사자후와 같은 까닭이요
두 번째는 깊이 실상에 머물러 한 자성에 계합하는 까닭이요
세 번째는 자리와 이타의 선근이 부처님과 같은 까닭이요
네 번째[244]는 설함과 같이 행하는 것이 본래의 서원과 같음을 얻는 까닭이요
다섯 번째는 부처님의 십력을 배워 지혜를 이미 성취한 까닭이다.

---

243 원문 法 자 아래에 如 자가 있는 것이 좋다.

244 제 네 번째 뜻은 행하는 것이 본래의 서원과 같아 둘이 없음을 나타낸 것이다.

經

此菩薩이 成就知衆生의 是處非處智와 去來現在業報智와 諸根利鈍智와 種種界智와 種種解智와 一切至處道智와 諸禪解脫三昧垢淨起의 時非時智와 一切世界의 宿住隨念智와 天眼智와 漏盡智나 而不捨一切菩薩行하나니 何以故요 欲敎化一切衆生하야 悉令淸淨故니라

이 보살이 중생의 옳은 곳과 그른 곳을 아는 지혜와
과거 미래 현재의 업보를 아는 지혜와
모든 근기의 영리하고 둔함을 아는 지혜와
가지가지 세계를 아는 지혜와
가지가지 지해(解)를 아는 지혜와
일체 처소에 이르는 길을 아는 지혜와
모든 선정과 해탈과 삼매의 더럽고 깨끗한 것이 일어나는 때와 아닌 때를 아는 지혜와
일체 세계에 숙세에 머문 것을 생각을 따라 아는 지혜와
천안통을 아는 지혜와
누진통을 아는 지혜를 성취하였지만 그러나 일체 보살의 행을 버리지 않나니,
무슨 까닭인가.
일체중생을 교화하여 다 하여금 청정케 하고자 하는 까닭입니다.

疏

第二에 此菩薩成就下는 依章別釋이니 從後倒釋하야 卽分五段하리니 第一은 釋智慧成就라 文中三이니 初는 顯所成十力이니 言時非時者는 垢淨之時가 不同이요 化不化時가 別故라 次에 而不捨下는 得果不捨因이라 後에 何以下는 徵釋所以니 十力이 化生之智일새 故須得之요 令物淸淨일새 故須不捨因行이라

제 두 번째 이 보살이 성취한다고 한 아래는 문장을 의지하여 따로 해석한 것이니,
뒤로 좇아 거꾸로 해석하여[245] 곧 오단五段으로 나누리니
제일단은 지혜를 성취[246]한다고 한 것을 해석한 것이다.
경문 가운데 세 가지가 있나니
처음에는 성취할 바 십력의 지혜를 나타낸 것이니
때와 아닌 때라고 말한 것은 더럽고 깨끗한 때가 같지 않는 것이요 교화하고 교화하지 않는 때가 다른 까닭이다.
다음에 그러나 보살의 행을 버리지 않는다고 한 아래는 지혜의 과보를 얻었지만 보살의 인행을 버리지 않는 것이다.
뒤에 무슨 까닭인가 한 아래는 그 까닭을 묻고 해석한 것이니,

245 원문에 종후도석從後倒釋이라고 한 것은 영인본 화엄 6책, p.742, 五句를 末句로부터 거꾸로 해석하여 가는 것이다.

246 원문에 지혜성취智慧成就라고 한 것은 五句 가운데 末句는 영인본 화엄 6책, p.742, 3행에 있다.

십력이 중생을 교화하는 지혜이기에 그런 까닭으로 반드시 얻어야 하는 것이요

중생으로 하여금 청정케 하고자 하기에 그런 까닭으로 반드시 보살의 인행을 버리지 않는 것이다.

經

此菩薩이 復生如是增上心호대 若我不令一切衆生으로 住無上解脫道케하고 而我先成阿耨多羅三藐三菩提者인댄 則違我本願이니 是所不應이라 是故要當先令一切衆生으로 得無上菩提와 無餘涅槃然後에 成佛하니라 何以故요 非衆生請我發心이라 我自爲衆生하야 作不請之友하야 欲先令一切衆生으로 滿足善根하야 成一切智니라 是故我爲最勝이 不著一切世間故며 我爲最上이니 住無上調御地故며 我爲離翳니 解衆生無際故며 我爲已辦이니 本願成就故며 我爲善變化니 菩薩功德莊嚴故며 我爲善依怙니 三世諸佛攝受故라하니라

이 보살이 다시 이와 같이 증상심을 내기를[247] 만약 내가 일체중생으로 하여금 더 이상 없는 해탈의 도에 머물지 않게 하고 내가 먼저 아뇩다라삼먁삼보리를 성취하려 한다면 곧 나의 본래 서원을 어기는 것이니,

이것은 응당 하지 말아야 할 바이다.

이런 까닭으로 반드시 마땅히 먼저 일체중생으로 하여금 더 이상 없는 보리와 무여열반을 얻게 한 연후에 성불할 것이다.

무슨 까닭인가.

중생이 나를 청하여 발심한 것이 아니라 내가 스스로 중생을 위하여

---

247 증상심을 낸다고 한 그 뜻은 이 경문이 끝나는 섭수하는 까닭이라고 함에까지 미치는 것이다.

청하지 않는 벗이 되어 먼저 일체중생으로 하여금 선근을 만족하여 일체 지혜를 성취케 하고자 한 것이다.

이런 까닭으로 내가 가장 수승함이 되나니
일체 세간에 집착하지 않는 까닭이며
내가 최상이 되나니
더 이상 없는 조어사의 지위에 머무는 까닭이며
내가 번뇌의 가림에서 떠남이 되나니
중생이 끝이 없음을 아는 까닭이며
내가 이미 판단함이 되나니
본래의 서원을 성취한 까닭이며
내가 잘 변화함이 되나니
보살의 공덕을 장엄한 까닭이며
내가 좋은 의지와 믿음이 되나니
삼세에 모든 부처님이 섭수하는 까닭이다 하였습니다.

疏

第二에 此菩薩復生下는 釋得三世諸佛無二語라 文中三이니 初는 反擧違誓하야 自誠不應이요 次에 是故下는 順釋要當先人後己이요 後에 何以下는 徵釋所由라 徵有二意하니 一은 云何以違誓로 是所不應고 二는 云何以要須先人後己고 釋此二徵에 卽分二別하리니 初는 釋前徵云호대 由先許故로 不與인댄 則違先誓니 不請強許하고 今之不與인댄 豈是所應이리요 後에 是故下는 釋第二徵

이니 菩薩之道는 必先人後己이라 不爾인댄 豈得名最勝耶리요 文有六句호대 當句自釋하니 不俟繁文이라

제 두 번째 이 보살이 다시 이와 같은 증상심을 낸다고 한 아래는 삼세에 모든 부처님이 둘이 없는 말을 얻는다고 한 것을 해석한 것이다.

경문 가운데 세 가지가 있나니
처음에는 본래 서원을 어기는 것을 반대로 거론하여 응당 하지 말아야 할 것을 스스로 경계하는 것이요
다음에 이런 까닭으로 반드시라고 한 아래는 반드시 마땅히 사람을 먼저 하고 자기를 뒤에 함을 순리대로 해석한 것이요
뒤에 무슨 까닭인가 한 아래는 그 까닭을 묻고 해석한 것이다.
묻는 것에 두 가지 뜻이 있나니
첫 번째는 어떤 것이 본래 서원을 어기는 것으로써 이것은 응당 하지 말아야 할 바인가.
두 번째는 어떤 것이 반드시 사람을 먼저 하고 자기를 뒤에 하는 것인가.
이 두 가지 질문을 해석함에 곧 두 가지로 다르게 나누리니
처음에는 앞에 질문을 해석하여[248] 말하기를 먼저 허락함을 인유한 까닭으로 함께하지 않는다면 곧 본래의 서원을 어기는 것이니

248 원문에 초석전징初釋前徵 운운은 경문에 비중생청아발심등非衆生請我發心等의 문장(文)이다.

청하지도 않았지만 굳이 허락하고 지금에 함께하지 않는다면 어찌 응당할 바이겠는가.

뒤에 이런 까닭이라고 한 아래는 제 두 번째 질문을 해석한 것이니 보살의 도는 반드시 사람을 먼저 하고 자기를 뒤에 하는 것이다. 그렇지 않다면 어찌 가장 수승하다고 이름함을 얻겠는가.
경문에 여섯 구절이 있으되 당구當句에 스스로 해석되어 있으니 번잡하게 해석하는 문장을 기다릴 것이 없다 하겠다.

經

此菩薩摩訶薩이 不捨本願故로 得入無上智慧莊嚴하야 利益衆生하야 悉令滿足호대 隨本誓願하야 皆得究竟케하며 於一切法中에 智慧自在하야 令一切衆生으로 普得淸淨케하며 念念遍遊十方世界하며 念念普詣不可說不可說諸佛國土하며 念念悉見不可說不可說諸佛과 及佛莊嚴淸淨國土하고 示現如來自在神力하야 普遍法界와 虛空界하니라

이 보살마하살이 본래의 서원을 버리지 않는 까닭으로 더 이상 없는 지혜의 장엄에 들어감을 얻어 중생을 이익케 하여 다 하여금 만족함을 얻게 하되 본래의 서원을 따라 다 구경을 얻게 하며 일체법 가운데 지혜가 자재하여 일체중생으로 하여금 널리 청정함을 얻게 하며

생각 생각에 두루 시방세계에 노닐며

생각 생각에 널리 가히 말할 수 없고 가히 말할 수 없는 모든 부처님의 국토에 나아가며

생각 생각에 가히 말할 수 없고 가히 말할 수 없는 모든 부처님과 그리고 부처님이 장엄한 청정한 국토를 다 보고 여래의 자재한 신력을 시현하여 널리 법계와 허공계에 두루합니다.

疏

第三에 此菩薩摩訶薩不捨下는 釋同佛善根이니 本誓智慧가 皆究竟故니라 文中二니 先은 標德成滿이요 二에 於一切下는 別顯同相이니 一은 意業智慧同이요 二에 念念下는 身業神通同이라

제 세 번째 이 보살마하살이 본래의 서원을 버리지 않는 까닭이라고 한 아래는 부처님의 선근과 같다고 함을 해석한 것이니
본래의 서원과 지혜가 다 구경인 까닭이다.

경문 가운데 두 가지가 있나니
먼저는 공덕이 만족함을 이루는 것을 표한 것이요
두 번째 일체법 가운데라고 한 아래는 같은 모습을 따로 나타낸 것이니
첫 번째는 의업의 지혜가 같은 것이요
두 번째 생각 생각이라고 한 아래는 신업의 신통이 같은 것이다.

經

此菩薩이 現無量身하야 普入世間이나 而無所依하며 於其身中에 現一切刹과 一切衆生과 一切諸法과 一切諸佛하며

이 보살이 한량없는 몸을 나타내어 널리 세간에 들어가지만 그러나 의지하는 바가 없으며
그 몸 가운데 일체 세계와 일체중생과 일체 모든 법과 일체 모든 부처님을 나타내며

疏

第四에 此菩薩이 現無量身下는 釋入佛種性이라 於中二니 一은 約身明入이니 入世無依요 又身中現刹은 皆得性融故라

제 네 번째 이 보살이 한량없는 몸을 나타낸다고 한 아래는 부처님의 종성에 들어간다고 함을 해석한 것이다.
그 가운데 두 가지가 있나니
첫 번째는 몸을 잡아 들어감을 밝힌 것이니
세간에 들어가지만 의지하는 바가 없는 것이요
또 몸 가운데 세계를 나타낸 것은 다 자성이 원융함을 얻은 까닭이다.

經

此菩薩이 **知衆生種種想**과 **種種欲**과 **種種解**와 **種種業報**와 **種種善根**하야 **隨其所應**하야 **爲現其身**하야 **而調伏之**하며

이 보살이 중생의 가지가지 생각과 가지가지 욕망과 가지가지 지해와 가지가지 업보와 가지가지 선근을 알아서 그들이 응하는 바를 따라 그 몸을 나타내어 그들을 조복하며

疏

二에 此菩薩이 知衆生下는 智入種性이라 於中二니 初는 入悲種性이니 知根善化故라

두 번째 이 보살이 중생의 가지가지 생각 등을 안다고 한 아래는 지혜로 종성에 들어가는 것이다.
그 가운데 두 가지가 있나니
처음에는 자비의 종성에 들어가는 것이니
근기를 알아 잘 교화하는 까닭이다.

經

觀諸菩薩如幻하며 一切法如化하며 佛出世如影하며 一切世間如夢하며 得義身文身의 無盡藏하며 正念自在하며 決定了知一切諸法하며 智慧最勝하며 入一切三昧眞實相하며 住一性無二地니

모든 보살이 환상과 같으며
일체법이 변화한 것과 같으며
부처님이 세상에 나오신 것이 그림자와 같으며
일체 세간이 꿈과 같은 줄 관찰하며
의신과 문신의 끝없는 법장을 얻으며
바른 생각이 자재하며
일체 모든 법을 결정코 요달하여 알며
지혜가 가장 수승하며
일체 삼매의 진실한 모습에 들어가며
한 성품으로 두 가지 모습이 없는 지위에 머뭅니다.

疏

二에 觀諸菩薩下는 入智種性이니 窮實相故라 故結句云호대 住一性無二地라하니 以此智性으로 導前悲性하야 成無住道가 是爲如來의 無二之性이라 文中初는 會緣入實이요 次에 得義身下는 依實

了相이요 後에 智慧最勝下는 性相無二라 文有三句하니 初句는 約智니 則雙照性相이요 次句는 約定이니 動寂契眞이요 後句는 釋成이니 並由住無二性이라

두 번째 모든 보살이 환상과 같다는 등을 관찰한다고 한 아래는 지혜의 종성에 들어가는 것이니
실상을 궁구하는 까닭이다.
그런 까닭으로 맺는 구절에 말하기를 한 성품으로 두 가지 모습이 없는 지위에 머문다 하였으니,
이 지혜의 종성으로써 앞에 자비의 종성을 인도하여 머무름이 없는 도를 이루는 것이 이것이 여래의 둘이 없는 종성이 되는 것이다.

경문 가운데 처음에는 인연을 모아 진실에 들어가는 것이요
다음에 의신과 문신의 끝없는 법장을 얻는다고 한 아래는 진실을 의지하여 모습을 아는 것이요
뒤에 지혜가 가장 수승하다고 한 아래는 자성과 모습이 둘이 없는 것이다.

경문[249]에 세 구절이 있나니
처음 구절은 지혜를 잡은 것이니
곧 자성과 모습을 함께 비추는 것이요

---

249 여기서 경문이란, 곧 뒤에 지혜최승하智慧最勝下에 경문이다.

다음 구절은 삼매를 잡은 것이니
움직이고 고요한 것이 진실에 계합하는 것이요
뒤에 구절은 해석하여 성립한 것이니
모두 둘이 없는 자성에 머무름을 인유한 것이다.

經

菩薩摩訶薩이 以諸衆生이 皆著於二일새 安住大悲하야 修行如是寂滅之法하야

보살마하살이 모든 중생이 다 두 가지[250]에 집착하기에 대비에 편안히 머물러 이와 같은 적멸의 법을 수행하여

疏

五에 菩薩摩訶薩이 以諸下는 釋學三世諸佛의 眞實語라 文中二니 先은 牒前起後니 衆生著二일새 不能悲智雙遊하고 菩薩은 卽寂修悲일새 故得不二니라

제 다섯 번째 보살마하살이 모든 중생이라고 한 아래는 삼세에 모든 부처님의 진실한 말을 배운다고 한 것을 해석한 것이다.
경문 가운데 두 가지가 있나니
먼저는 앞에 말을 첩석하여 뒤에 말을 일으키는 것이니
중생은 두 가지에 집착하기에 능히 자비와 지혜에 함께 노닐지 않고, 보살은 고요함[251]에 즉하여 자비를 닦기에 그런 까닭으로 둘이 없음을 얻는 것이다.

---

250 두 가지란, 유有·무無, 상相·무상無相 등등이다.

251 寂이란, 여기서는 智를 말한다.

經

得佛十力하야 入因陀羅網法界하며 成就如來의 無礙解脫하며 人中雄猛하야 大師子吼로 得無所畏하며 能轉無礙의 清淨法輪하며 得智慧解脫하며 了知一切世間境界하며 絶生死迴流하며 入智慧大海하며 爲一切衆生하야 護持三世의 諸佛正法하며 到一切佛法海의 實相源底하니라

부처님의 십력을 얻어서[252] 인다라 그물의 법계에 들어가며
여래의 걸림 없는 해탈을 성취하며
사람 가운데 영웅으로 용맹하여 큰 사자후로 두려워하는 바가 없음을 얻으며
능히 걸림이 없는 청정한 법륜을 전하며
지혜의 해탈을 얻으며
일체 세간의 경계를 요달하여 알며
생사에 돌아 유전함을 끊으며
지혜의 큰 바다에 들어가며
일체중생을 위하여 삼세에 모든 부처님의 정법을 보호하여 가지며
일체 불법의 바다에 실상의 근원 밑까지 이릅니다.

---

252 원문에 득불십력得佛十力 이하는 十句니 可知라.

疏

後에 得佛十力下는 成果起用이니 顯實語相이라 能師子吼하야 轉法輪故로 結云知實相源이라하니 方爲實語也니라 文中엔 大同十地에 窮佛所得이니 圓融敎中엔 位位果滿故니라 窮法實相은 謂如是性相體力等을 皆盡源故니라 餘句可知라

뒤에 부처님의 십력을 얻는다고 한 아래는 불과[253]를 이루어 작용을 일으키는 것이니
진실한 말의 모습을 나타낸 것이다.
능히 사자후를 하여 법륜을 전하는 까닭으로 맺어서 말하기를 실상의 근원을 안다[254] 하였으니
바야흐로 진실한 말이 되는 것이다.

경문 가운데는 십지에 부처님이 얻은 바를 궁구하여 다한다고 한 것과 크게는 같나니
원융교 가운데는 지위 지위가 모두 과만果滿[255]인 까닭이다.
불법의 실상을 궁구하여 다한다고 한 것은 말하자면 이와 같은 자성과 모습과 자체와 힘 등을 다 그 근원을 다하는 까닭이다.

253 果란, 불과佛果니 십력十力이다.

254 안다고 한 것은 경문에는 이른다(到)고 하였다.

255 원문에 위위과만位位果滿이란, 화엄華嚴은 원융교圓融敎이기에 이 십행위十行位에서도 십지위十地位에서처럼 얻을 수 있다는 것이다.

나머지 구절은 가히 알 수가 있을 것이다.

窮法實相等者는 卽法華經云호대 唯佛與佛이라야 乃能究盡諸法實相하나니 所謂諸法의 如是相과 如是性과 如是體와 如是力과 如是作과 如是因과 如是緣과 如是果와 如是報와 如是本末과 究竟等이라하니라 此之十句를 天台가 歷十法界호대 一一界中에 復具十界하야 互相攝故로 十界가 便成百界하고 界各十如하니 卽有千如이라 更分一一界에 各有三界하니 一은 衆生世間이요 二는 五陰世間이요 三은 器世間이니 便成三千世間이라하니 彼宗以此로 爲法華經의 樞要最玄하고 後明知見엔 但擧能知耳니라 思大師는 三種으로 讀此十如하니 一은 以如是로 爲頭云호대 如是相으로 爲一句하고 如是性으로 爲二句等이니 卽約假觀하야 觀十別相故니라 二는 云所謂諸法如로 爲一句하고 是相如로 爲二句하니 以如字로 爲空하야 卽成空觀이라 三은 以如是字로 爲末云호대 所謂諸法如是로 爲一句하고 相如是로 爲二句等이니 以如是로 爲中道觀이라 一家之意가 理無不通하니라

불법의 실상을 궁구하여 다한다고 한 등은 곧 『법화경』[256]에 말하기를 오직 부처님과 더불어 부처님이라야 이에 능히 모든 법의 실상을 궁구하여 다하나니,

---

256 『법화경法華經』은 제일권第一卷 방편품方便品이다. 그러나 『법화경』은 제법실상諸法實相이라 하였고, 여기서는 불법실상佛法實相이라 하였다.

말하자면 모든 법의 이와 같은 모습과 이와 같은 자성과 이와 같은 자체와 이와 같은 힘과 이와 같은 지음과 이와 같은 원인과 이와 같은 조연과 이와 같은 결과와 이와 같은 업보와 이와 같은 근본과 지말과 구경 등이라 하였다.

이 열 구절을 천태대사가 십법계에 차례로 배속하되 낱낱 세계 가운데 다시 십법계를 갖추어 서로서로 섭수하는 까닭으로 십법계가 문득 백법계를 이루고, 법계마다 각각 십여시가 있나니

곧 천여시가 있다.

다시 낱낱 법계를 나눔에 각각 삼계가 있나니

첫 번째는 중생의 세간이요,

두 번째는 오음의 세간[257]이요,

세 번째는 기器의 세간이니

문득 삼천 세간을 이룬다 하였으니,

저 천태종이 이것으로써 『법화경』의 가장 중요하고 가장 현묘함을 삼고, 뒤에 부처님의 지견을 밝힘에는 다만 능히 아는 것만 거론하였을 뿐이다.

혜사慧思[258]대사는 세 가지로 이 십여시를 읽었으니

첫 번째는 여시如是로써 첫머리를 삼아 말하기를 여시상如是相으로

---

257 一에 衆生世間은 사람을 잡아 말한 것이고, 二에 五陰世間은 법法을 잡아 말한 까닭으로 이중二重으로 말한 것이 아니다.

258 혜사慧思는 천태종天台宗의 제이조第二祖이다. 『잡화기』는 말한 바 남악혜사 대사이니, 지위가 십신에 이르는 것이다 하였다.

제일구를 삼고 여시성如是性으로 제이[259]구를 삼는 등이니,
곧 가관假觀을 잡아 열 가지 다른 모습을 관찰하는 까닭이다.
두 번째는 소위제법여所謂諸法如라 말한 것으로 제일구를 삼고 시상여是相如로 제이구를 삼았으니,
여如라는 글자로써 공空을 삼아 공관空觀을 이루는 것이다.
세 번째는 여시라는 글자로써 끝을 삼아 말하기를 소위제법여시로 제일구를 삼고 상여시로 제이구를 삼는 등이니,
여시라는 글자로써 중도관中道觀을 삼은 것이다.
천태 일가一家의 뜻이 이치가 통하지 아니함이 없다 하겠다.

---

259 一은 二 자로 보는 것이 좋다.

經

菩薩이 住此眞實行已에 一切世間의 天人魔梵과 沙門婆羅門과 乾闥婆阿脩羅等이 有親近者인댄 皆令開悟하야 歡喜淸淨케하리니

보살이 이 진실한 행에 머문 이후에 일체 세간의 하늘과 사람과 마군과 범천과 사문과 바라문과 건달바와 아수라 등이 친근하는 이가 있다면 다 하여금 열어 깨달아 환희하고 청정케 할 것이니

疏

第三에 菩薩住此下는 結行成益이라

제 세 번째 보살이 이 진실한 행에 머문다고 한 아래는 행이 이익을 이루게 하는 것을 맺는 것이다.

經

是名菩薩摩訶薩의 第十眞實行이니라

이것이 이름이 보살마하살의 제 열 번째 진실한 행입니다.

疏

第三은 結名이니 並如文顯하니라 說分已竟이라

제 세 번째는 이름을 맺는 것이니
모두 경문에 나타난 것과 같다.

설분說分[260]은 이미 설하여 마쳤다.

---

260 설분說分이란, 영인본 화엄 6책, p.506, 6행에 第五에 佛子야 何等이 爲菩薩歡喜行고 한 이하는 설분說分이라 하였다.

經

爾時에 佛神力故로 十方에 各有佛刹微塵數世界가 六種震動하니 所謂動과 遍動과 等遍動이며 起와 遍起와 等遍起며 踊과 遍踊과 等遍踊이며 震과 遍震과 等遍震이며 吼와 遍吼와 等遍吼며 擊과 遍擊과 等遍擊이며 雨天妙華와 天香天末香과 天鬘天衣와 天寶天莊嚴具하며 奏天樂音하며 放天光明하며 演暢諸天의 微妙音聲하니라

그때에 부처님의 위신력인 까닭으로 시방에 각각 부처님의 국토에 작은 티끌 수만치 많은 세계가 여섯 가지로 진동함이 있었나니 말하자면 움직이는 것과 두루 움직이는 것과 같이 두루 움직이는 것이며,
일어나는 것과 두루 일어나는 것과 같이 두루 일어나는 것이며,
솟는 것과 두루 솟는 것과 같이 두루 솟는 것이며,
진동하는 것과 두루 진동하는 것과 같이 두루 진동하는 것이며,
으르렁거리는 것과 두루 으르렁거리는 것과 같이 두루 으르렁거리는 것이며,
치는 것과 두루 치는 것과 같이 두루 치는 것이었으며
하늘의 묘한 꽃과 하늘의 향과 하늘의 가루 향과 하늘의 꽃다발과 하늘의 옷과 하늘의 보배와 하늘의 장엄구를 비 내리며
하늘의 음악을 연주하며
하늘의 광명을 놓으며

모든 하늘의 미묘한 음성을 연창하기도 하였습니다.

疏

大文第六에 爾時已下는 顯瑞證成分이라 文分二別하리니 一은 瑞證이요 二는 人證이라 前中先은 此會라

큰 문장 제 여섯 번째 그때라고 한 이하는 상서를 나타내어 증거하여 성립한 분이다.
경문을 두 가지로 다르게 나누리니
첫 번째는 상서로 증거한 것이요
두 번째는 사람으로 증거한 것이다.
앞의 상서로 증거한 가운데 먼저는 이 회[261]에서 상서로 증거한 것이다.

---

261 원문에 此會란, 이 야마천궁회夜摩天宮會이다.

經

如此世界의 夜摩天宮에서 說十行法에 所現神變하야 十方世界에도 悉亦如是하니라

이 세계의 야마천궁에서 십행법을 설함에 나타낸 바 신통 변화와 같아서 시방세계에서도 다 또한 이와 같이 나타내었습니다.

疏

後에 如此下는 結通이라

뒤에 이와 같은 세계라고 한 아래는 맺어서 통석한 것이다.[262]

---

262 원문에 結通이란, 此會와 같이 시방세계十方世界도 그렇다고 결론적으로 통석한 것이다.

經

復以佛神力故로 十方各過十萬佛刹의 微塵數世界外하야 有十萬佛刹의 微塵數菩薩俱하야 來詣此土호대 充滿十方하야 語功德林菩薩言호대 佛子야 善哉善哉라 善能演說諸菩薩行이로다 我等一切는 同名功德林이요 所住世界도 皆名功德幢이요 彼土如來도 同名普功德이니 我等佛所에도 亦說此法호대 衆會眷屬과 言辭義理가 悉亦如是하야 無有增減하니라

다시 부처님의 위신력인 까닭으로 시방으로 각각 십만 부처님의 국토에 작은 티끌 수만치 많은 세계 밖을 지나 십만 부처님의 국토에 작은 티끌 수만치 많은 보살이 있어 함께 이 국토에 와 이르되 시방에 충만하게 하여 공덕림보살에게 일러 말하기를 불자여, 착하고 착합니다.

모든 보살의 행을 잘도 능히 연설합니다.

우리 등 일체 보살은 다 이름이 공덕 숲이요

머무는 바 세계도 다 이름이 공덕당기요

저 국토에 여래도 다 이름이 넓은 공덕(普功德)이니,

우리 등이 있는 부처님의 처소에도 또한 이 법을 연설하되 모인 대중과 권속과 말과 의리가 다 또한 이와 같아서 증감이 없습니다.

疏

二에 復以下는 人證이니 亦先此界라 十住一萬이라하고 此云十萬이라하니 表位增故라 前現瑞中에 亦應云호대 十方에 各有十萬이라하야늘 文無者略이라 餘義는 已見十住之末이라

두 번째 다시 부처님의 위신력이라고 한 아래는 사람으로 증거한 것이니,
또한 이 세계에 사람을 먼저 증거한 것이다.
십주는 일만이라 하고 여기 십행은 십만이라 하니
지위가 증승함을 표한 까닭이다.
앞의 상서를 나타내는 가운데 또한 응당히 말하기를 시방에 각각 십만 불찰이 있다 해야 할 것이거늘, 경문에 없는 것은 생략된 것이다.
나머지 뜻은 이미 십주 끝에서 나타내었다.

經

佛子야 我等이 皆承佛神力하야 來入此會하야 爲汝作證하나니 十方世界에도 悉亦如是하니라

불자여, 우리 등이 다 부처님의 위신력을 받아 와서 이 회에 들어가 그대를 위하여 증명하나니,
시방세계에서도 다 또한 이와 같이 증명합니다.

疏

後에 佛子我等下는 結通이라

뒤에 불자여, 우리 등이라고 한 아래는 맺어서 통석한 것이다.

經

爾時에 功德林菩薩이 承佛神力하야 普觀十方一切衆會와 暨于法界하고 欲令佛種性으로 不斷故며 欲令菩薩種性으로 清淨故며 欲令願種性으로 不退轉故며 欲令行種性으로 常相續故며 欲令三世種性으로 悉平等故며 欲攝三世一切佛種性故며 欲開演所種諸善根故며 欲觀察一切諸根과 欲解煩惱와 習氣心行으로 所作故며 欲照了一切佛菩提故로 而說頌言호대

그때 공덕숲 보살이 부처님의 위신력을 받아 널리 시방에 일체 모인 대중과 그리고 법계를 관찰하고 부처님의 종성으로 하여금 끊어지지 않게 하고자 하는 까닭이며
보살의 종성으로 하여금 청정하게 하고자 하는 까닭이며
서원의 종성으로 하여금 물러나지 않게 하고자 하는 까닭이며
행의 종성으로 하여금 항상 상속하게 하고자 하는 까닭이며
삼세의 종성으로 하여금 다 평등하게 하고자 하는 까닭이며
삼세에 일체 부처님의 종성을 섭수하고자 하는 까닭이며
심은 바 모든 선근을 열어 연설하고자 하는 까닭이며
일체 모든 근성과 욕망과 지해와 번뇌와 습기와 심행心行으로 하는 바를 관찰하고자 하는 까닭이며
일체 부처님의 깨달음(菩提)을 비추어 알고자 하는 까닭으로 게송을 설하여 말하기를

疏

第七에 重頌分中에 分二리라 初는 說偈儀意니 先은 彰說儀요 後에 欲令下는 說意라 意有九句하니 初總餘別이라 別中一은 淨治因性이요 二는 不退願性이요 三은 行性續願이요 四는 以眞性導行이요 五는 上攝果性이요 六은 開已修性이니 卽十行所習이요 七은 觀所化性이요 八은 照當果性이라

제 일곱 번째 중송분 가운데 두 가지로 나누겠다.
처음에는 게송을 설하는 의식과 뜻이니
먼저는 설하는 의식을 밝힌 것이요
뒤에 부처님의 종성으로 하여금 끊어지지 않게 하고자 하는 까닭이라고 한 아래는 설하는 뜻이다.
설하는 뜻에 아홉 구절이 있나니
처음 구절은 총구요
나머지 구절은 별구이다.
별구 가운데 첫 번째는 원인의 종성[263]을 청정하게 다스리고자 하는 것이요
두 번째는 서원의 종성에 물러나지 않게 하고자 하는 것이요
세 번째는 행의 종성이 서원의 종성을 상속하게 하고자 하는 것이요
네 번째는 진실한 종성으로써 행의 종성을 인도하고자 하는 것이요
다섯 번째는 위로 불과의 종성을 섭수하고자 하는 것이요

263 원문에 인성因性은 보살종성菩薩種性이다.

여섯 번째는 자기 수행의 종성을 열어 연설하고자 하는 것이니
곧 십행으로 수습한 바요
일곱 번째는 교화할 바 종성을 관찰하고자 하는 것이요
여덟 번째는 불과[264]의 종성을 비추고자 하는 것이다.

---

264 원문에 당과當果는 불과佛果니 즉 불보리佛菩提이다.

經

一心敬禮十力尊은　離垢淸淨無礙見하시며
境界深遠無倫匹하시며 住如虛空道中者하니다

십력 세존은
때를 떠나 청정하여 걸림 없이 보시며
경계가 깊고도 멀어 짝할 이 없으시며
허공과 같은 도 가운데 머무신 이로 일심으로 경례합니다.

疏

二는 正說偈辭니 總有一百一頌이라 大分爲三하리니 初之一頌은 總申歸敬이요 次에 九十六頌은 正頌前文이요 三에 有四頌은 結歎深廣이라 今初也라 將申偈頌코자하야 再展敬心이니 初四字는 申敬이요 十力下는 顯德이니 十力은 智德이요 次句는 斷德이요 次句는 恩德이니 衆生爲境故라 末句는 通喩三德이니 智廣하며 惑淨하며 悲深遠故니라

두 번째는 게송의 말을 바로 설한 것이니
모두 일백 한 게송이 있다.
크게 나누어 세 가지로 하리니
처음에 한 게송은 돌아가 공경함을 한꺼번에 말한[265] 것이요
다음에 구십 여섯 게송은 앞의 경문을 바로 읊은 것이요

세 번째 네 게송이 있는 것은 깊고도 넓은 것을 맺어서 찬탄한 것이다.

지금은 처음으로 장차 게송을 말하고자 하여 재삼 공경하는 마음을 편 것이니
처음에 네 글자[266]는 공경을 말한 것이요
십력이라고 한 아래는 덕을 나타낸 것이니
십력은 지덕이요,
다음 구절은 단덕이요,
다음 구절은 은덕이니
중생이 경계가 되는 까닭이다.
끝 구절은 삼덕을 모두 비유한 것이니,
지혜가 넓으며
번뇌를 청정히 하며
대비가 깊고 먼[267] 까닭이다.

---

265 원문에 申은 말하다, 밝히다, 펴다의 뜻이다.

266 원문에 초사자初四字는 일심경례一心敬禮 네 글자이다.

267 원문에 지광智廣은 지덕智德이고, 혹정惑淨은 단덕斷德이고, 비심원悲深遠은 은덕恩德이다. 즉 허공虛空이 광廣, 정淨, 심원深遠의 삼의三義가 있는 것을 삼덕三德에 법합法合한 것이다.

經

過去人中諸最勝이　　功德無量無所著하며
勇猛第一無等倫하시니 彼離塵者行斯道하시니다

現在十方諸國土에　　善能開演第一義이나
離諸過惡最清淨하시니 彼無依者行斯道하시니다

未來所有人師子가　　周遍遊行於法界하사
已發諸佛大悲心하시니 彼饒益者行斯道하시니다

과거 모든 사람 가운데 가장 수승한 이가
공덕이 한량이 없고 집착하는 바가 없으며
용맹이 제일로 같을 수도 짝할 수도 없으시니
저 번뇌를 떠난 이가 이 도를 행하십니다.

현재 시방의 모든 국토에
제일의제를 잘도 능히 열어 연설하지만
모든 과오를 떠나 가장 청정하시니
저 의지함이 없는 이가 이 도를 행하십니다.

미래에 있을 바 사람의 사자師子가
두루 법계에 유행하여
이미 모든 부처님의 대비심을 일으키셨나니

저 요익하는 이가 이 도를 행하십니다.

疏

第二는 正頌前文이라 大分爲二리니 初十一偈는 頌前本分이요 後에 八十五偈는 頌前說分이라 然十住頌文은 則擧其次第어늘 今沒其次第하고 直云行斯道者는 略有四意하니 一은 前則約位의 始終行布하야 而說하고 今將融會前說하야 令無始終이니 欲顯一位之中에 具行諸行하며 一行之中에 具一切故라 二는 前約別行하고 今約普行하니 普別無礙하야 二文互顯이라 三은 前約同教하고 今約別教하니 同別無礙하야 爲一圓教故라 四는 前約不雜辯才하고 此約任放辯才니 說不待次하며 言辭不斷故라 又前多約因하고 此多就果하며 或廣略綺互하며 體用更陳하며 總別遞明하고 互相影發하야 顯菩薩行이 深廣難思니라 下文이 雖依次第나 旣沒本名하니 同離世間에 圓融之行也니라 今初는 亦可 總歎行深하고 不頌前文하야도 頌亦無失하니라 今頌本分에 曲分爲二리니 前四는 頌前學三世佛하야 而修行故요 後七은 頌前行體는 不可思議라 今初分二리니 初三은 別明이라

제 두 번째는 앞의 경문을 바로 읊은 것이다.
크게 나누어 두 가지로 하리니
처음에 열한 게송은 앞에 본분[268]을 읊은 것이요
뒤에 팔십 다섯 게송은 앞에 설분[269]을 읊은 것이다.

그러나 십주의 게송문은 곧 그 차례를 거론하였거늘 지금 십행에는 그 차례를 빠뜨리고 바로 이 도를 행한다고만 발한 것은 간략하게 네 가지 뜻이 있나니

첫 번째는 앞에[270] 장행문은 곧 지위의 시종 행포문行布門을 잡아 설하였고 지금에[271] 게송문은 앞에 말을 융합하여 회석함을 가져 하여금 시종이 없게 하는 것이니,

한 지위 가운데 모든 행을 갖추어 행하며

한 행 가운데 일체행을 갖추어 행함을 나타내고자 한 까닭이다.

두 번째는 앞에 장행문은 따로 행함을 잡았고 지금에 게송문은 널리 행함을 잡았으니,

널리 행하고 따로 행하는 것이 걸림이 없어서 두 경문[272]을 서로 나타낸 것이다.

세 번째는 앞에 장행문은 동교를 잡았고 지금에 게송문은 별교를 잡았으니,

---

268 원문에 전본분前本分이란, 영인본 화엄 6책, p.497, 1행에 告諸菩薩言호대 佛子야 菩薩行은 不可思議 운운이다.

269 원문에 전설분前說分이란, 영인본 화엄 6책, p.506, 5행, 佛子야 何等이 爲菩薩摩訶薩의 歡喜行 이하 같은 책 p.751, 3행에 十行이 끝날 때까지이다.

270 첫 번째는 앞이라 한 아래에 장행長行이라는 두 글자가 있으면 좋다.『잡화기』에는 이 가운데 앞이라 한 글자는 다 장행문을 가리키는 것이니, 소본에는 바로 앞에 장행(前長行)이라 했다고 하였다.

271 원문 今 자 아래에 偈頌 두 글자가 있으면 좋다. 此下 二, 三, 四도 마찬가지이다. 그러나 없다 해도 뜻은 다 통한다.

272 원문에 二文은 장행문長行文과 게송문偈頌文이다.

동교와 별교가 걸림이 없어서 하나의 원교가 되는 까닭이다.
네 번째는 앞에 장행문은 잡란하지 않는 변재를 잡았고 여기 게송문은 마음대로 하는 변재를 잡았으니,
말하는 것이 차례를 기다리지 아니하며 말이 끊어지지 않는 까닭이다.

또 앞에 장행문은 다분히 원인을 잡았고 여기 게송문은 다분히 결과에 나아갔으며
혹은 광략을 교묘하게 서로 말하며
자체와 작용을 다시 진술하며
총과 별을 번갈아 밝히고 서로서로 그림자를 일으켜 보살의 행이 깊고도 넓어 사의하기 어려운 것을 나타내었다.
아래 경문이[273] 비록 차례를 의지하였지만 이미 본래의 이름이 빠졌으니 이세간품에 원융의 행과 같다.[274]

지금은 처음으로 또한 가히 행이 깊은 것을 한꺼번에 찬탄하고 앞에 장행문을 읊지 아니하여도 게송에는 또한 허물이 없는 것이다.
지금에 본분을 읊음에 자세히 나누어 두 가지로 하리니
앞에 네 게송은 앞[275]에 삼세에 부처님을 배워 수행하는 까닭이라고

273 원문에 하문下文이라고 한 등은 아래 설분說分 중 게송 가운데 비록 이 十行의 차례를 의지하였지만 그 이름이 없다는 것이다.

274 원문에 一同이라 한 一 자는 없는 것이 좋다.

275 앞이란, 영인본 화엄 6책, p.497, 2행이다.

한 것을 읊은 것이요

뒤에 일곱 게송은 앞[276]에 보살행의 자체는 가히 사의할 수 없다고 한 것을 읊은 것이다.

지금은 처음으로 두 가지로 나누리니

처음에 세 게송은 따로 밝힌 것이다.

276 앞이란, 영인본 화엄 6책, p.497, 1행에 菩薩行은 不可思議라 한 것이니, 행체行體라고 한 것은 소문疏文이다.

經

三世所有無比尊이　自然除滅愚癡暗하고
於一切法皆平等하시니 彼大力人行此道하니다

삼세에 있는 바 비교할 수 없는 세존이
자연스레 어리석음의 어둠을 제멸하고
일체법에 다 평등하시니
저 큰 힘 있는 사람이 다 이 도를 행하십니다.

疏

後一은 總說이니 各初三句는 辨德이요 後句는 結德이니 通能所行이라 諸文에 行斯道言은 皆做於此니라

뒤에 한 게송은 한꺼번에 설한 것이니
각각 처음에 세 구절은 공덕을 분별한 것이요
뒤에 한 구절은 공덕을 맺는 것이니[277]

---

277 뒤에 한 구절은 공덕을 맺는 것이다 운운한 것은 차절此節의 경문을 자세히 살피건대 곧 이 위에 네 게송의 각각 끝 구절에 말한 바 번뇌를 떠난 이(離塵者)라고 한 것(영인본 화엄 6책, p.755, 6행)과 의지함이 없는 이(無依者)라고 한(영인본 화엄 6책, p.755, 8행) 등은 다 여래를 가리키는 것이다. 그렇다면 곧 문장은 소학所學을 거론한 것이지만 그 뜻은 능학能學을 나타낸 것이라 하겠다. 이상은 『잡화기』의 말이다. 그러나 능행과 소행을 능학과 소학으로 본 것은 깊이 생각해 볼 것이다.

능행과 소행에 통하는 것이다.

모든 게송문에 이 도를 행한다고 말한 것은 다 여기를 본받을 것이다.

經

普見無量無邊界에　一切諸有及諸趣하고
見已其心不分別하시니 彼無動者行斯道하시니다

法界所有皆明了하며　於第一義最淸淨하며
永破瞋慢及愚癡하시니 彼功德者行斯道하시니다

於諸衆生善分別하며　悉入法界眞實性하며
自然覺悟不由他하시니 彼等空者行斯道하시니다

盡空所有諸國土에　悉往說法廣開諭하사대
所說淸淨無能壞하나니 彼勝牟尼行此道하시니다

具足堅固不退轉하며　成就尊重最勝法하며
願力無盡到彼岸하시니 彼善修者所行道니이다

無量無邊一切地와　廣大甚深妙境界를
悉能知見靡有遺하시니 彼論師子所行道니이다

一切句義皆明了하야　所有異論悉摧伏하고
於法決定無所疑하시니 彼大牟尼行此道하시니다

널리 한량도 없고 끝도 없는 세계에
일체 삼유와 그리고 육취를 보고

본 뒤에는 그 마음이 분별이 없으시니
저 동요함이 없는 이가 이 도를 행하십니다.

법계에 있는 바를 분명하게 알며
제일의제에 가장 청정히 하며
영원히 성냄과 교만과 그리고 어리석음을 깨뜨리시니
저 공덕 가진 이가 이 도를 행하십니다.

모든 중생[278]을 잘 분별하며
법계의 진실한 자성에 다 들어가며
자연스레 깨달아 다른 사람의 깨달음을 인유하지 않으시니
저 허공 같은 이가 이 도를 행하십니다.

모든 허공에 있는 바 모든 국토에
다 가서 법을 설하여 널리 열어 깨우쳐 주시되
설하시는 바가 청정하여 능히 깨뜨릴 자가 없나니
저 수승한 모니가 이 도를 행하십니다.

견고하고 퇴전하지 않는 법을 구족하며
존중하고 가장 수승한 법을 성취하며
원력이 다함이 없어서 저 언덕에 이르시니

---

278 모든 중생 운운(第一句)은 영인본 화엄 6책, p.494, 1행에 지중생고知衆生故요, 법계의 진실 운운(第二句)은 같은 책 p.494, 1행에 심입법계고深入法界故라.

저 잘 수행한 이가 행하시는 바 도입니다.

한량도 없고 끝도 없는 일체 지위와
넓고도 크고 깊고도 깊은 미묘한 경계를
다 능히 알고 보아 남김없이 하시니
저 논리의 사자가 행하시는 바 도입니다.

일체 글귀와 뜻을 다 분명하게 알아
소유한 이론을 다 꺾어 절복하고
저 법에 결정하여 걸리는 바가 없으시니
저 큰 모니가 이 도를 행하십니다.

疏

後七은 頌行體라 於中에 然이나 文旨包含일새 略爲二解하리니 一은 頌行體요 二는 頌加之所爲라 然所爲는 正爲十行이니 義旨不殊일새 故得同頌이나 配文少異일새 分爲二解리라 先은 配行體니 文分爲四리니 初一頌은 總顯不可思議일새 故云心無分別하나니 彼無動故라하니라 二에 一頌은 頌前與法界等이라 等法界가 有三義하니 所有皆明了는 等事法界요 次句는 等理法界요 此二無二는 等無礙法界니 由此等故로 能破惑成德이라 三에 有二偈는 頌等虛空界라 等空五義니 初偈는 顯二니 謂空無分別이나 而顯萬像하나니 菩薩亦爾하야 入實自悟에 則無分別이나 不礙分別於

諸衆生일새 故結云等空이라하니라 由入法界일새 故等虛空이라하고 二界相成일새 故擧入法界라하니라 後偈는 顯三義니 一은 等空廣大니 初二句에 顯示요 二는 等空淸淨이요 三은 等空不可壞니 第三句에 顯하니라 由等虛空하야 是勝寂靜일새 名曰牟尼라하니라 四에 有三偈는 頌前菩薩行이니 初偈는 總擧自分之行이요 後二는 卽勝進之行이라 二는 以此文으로 頌加所爲는 雖開合不同이나 依次不亂이니 初偈는 頌前爲增長佛智니 前半所觀이요 後半能觀이라 次偈는 頌深入法界니 餘如前釋하니라 三中初句는 頌了知衆生界요 次二句는 頌所入無礙라 四中엔 頌所行無障이니 往諸國土는 則身無障이요 說法淸淨은 則自行無障이요 異論不壞는 則外無障이라 第五偈는 頌得無量方便이니 以願行等을 皆善修故라 六中엔 頌攝取一切智性이니 無邊一切地가 卽智地故며 十地之智가 同佛智故니 歎勝可知라 七中에 初句는 頌覺悟一切法이요 次句는 知一切諸根이니 隨宜摧伏이요 次句는 卽持說一切法也니라

뒤에 일곱 게송은 행의 자체[279]를 읊은 것이다.
그 가운데 그러나 경문의 뜻이 포함되었기에[280] 간략하게 두 가지로 해석하리니
첫 번째는 행의 자체를 읊은 것이요
두 번째는 가피하는 바[281]를 읊은 것이다.

---

279 원문에 행체行體는 영인본 화엄 6책, p.497, 3행이다.

280 원문에 문지포함文旨包含은 行體와 加所爲가 포함되었다는 것이다.

그러나 그 가피하는 바는 바로 십행이 되나니,
뜻이 다르지 않기에 그런 까닭으로 같이 읊음[282]을 얻었지만 배속한 경문이 조금 다르기에 나누어 두 가지로 해석하겠다.
먼저는 행의 자체를 배속한 것이니,
경문을 나누어 네 가지로 하리니
처음에 한 게송은 가히 사의할 수 없다[283]고 한 것을 한꺼번에 나타내었기에 그런 까닭으로 말하기를 그 마음이[284] 분별이 없나니 저 동요함이 없는 이가 이 도를 행한다 한 까닭이다.

두 번째 한 게송은 앞에 법계로 더불어 같다고 한 것을 읊은 것이다.
법계로 더불어 같다고 한 것이 세 가지 뜻이 있나니
법계에 있는 바를 다 분명하게 안다고 한 것은 사법계와 같은 것이요
다음 구절[285]은 이법계와 같은 것이요
이 두 가지가 둘이 없는 것은 이사무애법계와 같나니,
이 같음을 인유한 까닭으로 능히 번뇌를 깨뜨리고 공덕을 이루는 것이다.

---

281 원문에 가소위加所爲는 영인본 화엄 6책, p.495, 2행이다.

282 원문에 동송同頌은 행체行體와 가소위加所爲를 동송同頌했다는 것이다.

283 원문에 불가사의不可思議는 영인본 화엄 6책, p.497, 1행에 菩薩行은 不可思議라 한 것이다.

284 원문에 심무心無라 한 無 자는 경문에는 不 자이다.

285 원문에 次句는 第二偈의 第二句이다.

세 번째 두 게송이 있는 것은 허공계로 더불어 같다[286]고 한 것을 읊은 것이다.

허공계로 더불어 같다고 한 것이 다섯 가지 뜻이 있나니
처음 게송은 두 가지 뜻을 나타내었으니,
말하자면 허공은 분별이 없지만 그러나 만 가지 형상을 나타내나니, 보살도 또한 그러하여 진실에 들어가 스스로 깨달음에 곧 분별이 없지만 모든 중생을 분별함에 걸리지 않기에 그런 까닭으로 맺어서 말하기를 허공계와 같다 하였다.
법계에 들어감을 인유하기에 그런 까닭으로 허공계와 같다 하였고 두 세계가 서로 성립하기에 그런 까닭으로 법계의 진실한 자성에 다[287] 들어간다 하였다.[288]
뒤에 게송은 세 가지 뜻을 나타내었으니
첫 번째는 허공의 광대함과 같나니
처음 두 구절에 현시하였고
두 번째는 허공의 청정함과 같고
세 번째[289]는 허공의 가히 무너뜨릴 수 없는 것과 같나니
제 세 번째 구절에 현시하였다.
허공과 같아 가장 적정함을 인유하였기에 이름을 모니牟尼라 말한 것이다.

286 원문에 등허공계等虛空界는 영인본 화엄 6책, p.497, 1행이다.
287 거擧 자는 경문에는 실悉 자이다. 뜻은 둘 다 모두, 다라는 뜻이다.
288 원문에 등허공等虛空은 上長行文이고, 입법계入法界는 今偈文이다.
289 원문에 二와 三이란, 영인본 화엄 6책, p.758, 5행, 제삼구第三句이다.

네 번째 세 게송이 있는 것은 앞[290]에 보살의 행이라고 한 것을 읊은 것이니
처음 게송은 자분의 행을 한꺼번에 거론한 것이요
뒤에 두 게송은 곧 승진의 행이다

두 번째는 이 경문으로[291] 가피하는 바를 읊은 것이라고 한 것은 비록 열고 합하는 것이 같지 않지만 차례를 의지하여 산란하지 않나니
처음 게송은 앞[292]에 부처님의 지혜를 증장하게 하기 위한 까닭이라고 한 것을 읊은 것이니,
앞에 반 게송은 소관이요
뒤에 반 게송은 능관이다.
다음 게송은 앞에 깊이 법계에 들어가게[293] 하기 위한 까닭이라고 한 것을 읊은 것이니,
나머지는 앞에서 해석한 것과 같다.[294]
세 번째 게송 가운데 처음 구절은 앞에 중생의 세계를 요달하여

---

290 앞이란, 역시 같은 책 6책, p.497, 1행이다.

291 원문에 二는 이차문以此文 운운은 영인본 화엄 6책, p.759, 4행 소문이다.

292 앞이란, 영인본 화엄 6책, p.494, 8행이니 전장행문前長行文은 다 故 자가 있다.

293 원문에 심입법계深入法界는 영인본 화엄 6책, p.494, 8행이다.

294 원문에 여여전석餘如前釋은 바로 영인본 화엄 6책, p.759, 7행에 등법계等法界에 有三義하니 운운한 것이다.

알게[295] 하기 위한 까닭이라고 한 것을 읊은 것이요
다음에 두 구절은 앞에 들어가는 바가 걸림이 없게[296] 하기 위한 까닭이라고 한 것을 읊은 것이다.
네 번째 게송 가운데는 앞에 행하는 바가 장애가 없게 하기 위한 까닭이라고 한 것을 읊은 것이니,
모든 국토에 가는[297] 것이라고 한 것은 곧 몸이 장애가 없는 것이요
설법이 청정하다[298]고 한 것은 곧 스스로의 행이 장애가 없는 것이요
이론異論이 무너뜨릴 수 없다[299]고 한 것은 곧 외도가 장애할 수 없는 것이다.
제 다섯 번째 게송은 앞에 한량없는 방편을 얻게 하기 위한 까닭이라고 한 것을 읊은 것이니
서원과 행 등을 다 잘 닦는 까닭이다.
여섯 번째 게송 가운데는 앞에 일체 지혜의 자성을 섭취[300]하게 하기 위한 까닭이라고 한 것을 읊은 것이니
끝없는 일체 지위가 곧 지혜의 지위인 까닭이며,
십지의 지혜가 부처님의 지혜와 같은 까닭이니,
수승함을 찬탄한 것은 가히 알 수가 있을 것이다.

---

295 원문에 요지중생了知衆生은 영인본 화엄 6책, p.494, 8행이다.
296 원문에 소입무애所入無礙는 영인본 화엄 6책, p.494, 8행이다.
297 원문에 왕제국토往諸國土는 初二句다.
298 원문에 설법청정說法清淨은 第三句 가운데 上半이다.
299 원문에 이론불괴異論不壞는 第三句 가운데 下半이다.
300 원문에 섭취일체지성攝取一切智性은 영인본 화엄 6책, p.494, 9행이다.

일곱 번째 게송 가운데 처음 구절은 앞에 일체 모든 법을 깨닫게[301]
하기 위한 까닭이라고 한 것을 읊은 것이요
다음 구절은 앞에 일체 모든 근성을 알게 하기[302] 위한 까닭이라고
한 것을 읊은 것이니
마땅함을 따라 꺾어 절복하는 것이요
다음 구절은 곧 일체법을 가져 설하게 하기[303] 위한 까닭이라고
한 것을 읊은 것이다.

---

301 원문에 각오일체법覺悟一切法은 영인본 화엄 6책, p.494, 말행末行이다.
302 원문에 지일체제근知一切諸根은 영인본 화엄 6책, p.494, 말행이다.
303 원문에 지설일체법持說一切法은 영인본 화엄 6책, p.494, 말행이다.

經

遠離世間諸過患하고 普與衆生安隱樂하사
能爲無等大導師하시니 彼勝德者行斯道하시니다

恒以無畏施衆生하사 普令一切皆欣慶하대
其心淸淨離染濁하시니 彼無等者行斯道하시니다

意業淸淨極調善하며 離諸戱論無口過하며
威光圓滿衆所欽이시니 彼最勝者行斯道하시니다

入眞實義到彼岸하며 住功德處心永寂하며
諸佛護念恒不忘하시니 彼滅有者行斯道하시니다

遠離於我無惱害하며 恒以大音宣正法호대
十方國土靡不周하시니 彼絶譬者行斯道하시니다

檀波羅蜜已成滿하야 百福相好所莊嚴일새
衆生見者皆欣悅하나니 彼最勝慧行斯道하시니다

세간에 모든 허물과 근심을 멀리 떠나고
널리 중생에게 안은한 즐거움을 주어
능히 비등할 수 없는 큰 도사가 되셨으니
저 수승한 공덕을 가진 이가 이 도를 행하십니다.

항상 두려움이 없는 것으로써 중생에게 보시하여
널리 일체중생으로 하여금 다 기쁘고 경사롭게 하되
그 마음이 청정하여 더럽고 탁함이 없으시니
저 비등할 수 없는 이가 이 도를 행하십니다.

의업이 청정하여 지극히 고르고 선하며[304]
모든 희론을 떠나 입의 허물이 없으며[305]
위엄스런 광명이 원만하여 중생들이 흠모하는 바이시니[306]
저 가장 수승한 이가 이 도를 행하십니다.

진실한 뜻에 들어가 저 언덕에 이르며
공덕의 처소에 머물러 마음이 영원히 고요하며
모든 부처님이 보호하고 염려하여 항상 잊지 않으시니
저 삼유를 제멸한 이가 이 도를 행하십니다.

나라는 모습을 멀리 떠나 뇌롭고 해로움이 없으며
항상 큰 소리로써 정법을 선설하되
시방의 국토에 두루하지 아니함이 없으시니
저 비유조차 끊은 이가 이 도를 행하십니다.

---

304 一句는 의업意業이다.

305 二句는 구업口業이다.

306 三句는 신업身業이다.

보시 바라밀을 이미 성만하여
백복百福의 상호로 장엄한 바이시기에
중생이 보는 자가 다 기뻐하나니
저 가장 수승한 지혜 가진 이가 이 도를 행하십니다.

疏

第二에 遠離下는 頌前說分이니 十行이 卽爲十段이라 第一에 六偈는 頌歡喜行이니 文分四別하리라 初一은 財施니 財去慳過하고 安隱他故라 次二偈는 無畏施니 前偈修因이요 後偈得果라 次二偈는 法施요 後一頌은 總結因圓果滿이라 言百福者는 涅槃二十四云호대 五品心으로 修十善이라하니 謂下中上과 上中과 上上에 各修十善일새 成五十이요 始修終修일새 故成百福이라 然十善之中에 不殺不瞋은 是無畏施요 不盜不貪은 是財施요 離口四過하야 不婬不癡는 是法施니 故具上三施하면 成百福果니라

제 두 번째 세간에 모든 허물과 근심을 멀리 떠난다고 한 아래는
앞에 설분[307]을 읊은 것이니
십행이 곧 십단이 되는 것이다.
제일 첫 번째 여섯 게송은 환희케 하는 행을 읊은 것이니,
경문을 네 가지로 다르게 나누겠다.
처음에 한 게송은 재시財施이니

307 앞에 설분說分은 영인본 화엄 6책, p.506, 6행이다.

재시는 간탐의 허물을 보내고 다른 사람을 안은하게 하는 까닭이다.
다음에 두 게송은 무외시無畏施이니
앞에 게송은 원인을 닦는 것이요
뒤에 게송은 결과를 얻는 것이다.
다음에 두 게송은 법시法施요
뒤에 한 게송은 원인이 원만하고 결과가 원만함을 모두 맺는 것이다.
백복이라고 말한 것은 『열반경』 이십사권에 말하기를 오품五品의 마음으로 십선을 닦는다 하였으니,
말하자면 하품과 중품과 상품[308]과 상품중과 상품상에 각각[309] 십선[310]을 닦기에 오십을 이루고 처음에 닦고 끝에 닦기에[311] 그런 까닭으로 백복을 이루는 것이다.
그러나 십선 가운데 살생하지 않고 성내지 않는 것은 이것은 무외시無畏施요
훔치지 않고 탐내지 않는 것은 이것은 재시요
입에 네 가지 허물을 떠나 음행하지 않고 어리석지 않는 것은 이것은 법시이니,
그런 까닭으로 위에 세 가지 보시를 갖추면 백복의 결과를 이루는 것이다.

---

308 원문에 상중상上中上의 上이란, 上品下를 말한다.

309 원문 各 자 아래에 修 자가 있는 것이 좋다.

310 원문 善 자 아래에 已 자가 있기도 하다.

311 원문에 시수종수始修終修는 五品心에 始終에 각각 십선十善을 닦기에 백복百福이다.

經

智地甚深難可入이나 能以妙慧善安住하사
其心究竟不動搖하시니 彼堅固行行斯道하시니다

法界所有悉能入호대 隨所入處咸究竟하며
神通自在靡不該하시니 彼法光明行此道하시니다

諸無等等大牟尼가 勤修三昧無二相하며
心常在定樂寂靜하시니 彼普見者行斯道하시니다

微細廣大諸國土가 更相涉入各差別이나
如其境界悉了知하시니 彼智山王行此道하시니다

意常明潔離諸垢일새 於三界中無所著하며
護持衆戒到彼岸하시니 此淨心者行斯道하시니다

지혜의 지위는 깊고도 깊어 가히 들어가기 어렵지만
능히 묘한 지혜로 잘 편안히 머물러
그 마음이 구경까지 동요하지 않으시니
저 견고한 행을 가진 이가 이 도를 행하십니다.

법계가 있는 곳에 다 능히 들어가되
들어갈 바 처소를 따라 다 구경까지 들어가며

신통이 자재하여 갖추지 아니함이 없으시니
저 법의 광명을 가진 이가 이 도를 행하십니다.

저 비등할 수 없고 비등할 수 없는 큰 모니가
부지런히 삼매를 닦아 두 모습이 없으며
마음이 항상 삼매에 있어 적정을 즐기시니
저 널리 보는 이가 이 도를 행하십니다.

미세하고 광대한 모든 국토가
다시 서로 간섭하여 들어가 각각 차별하지만
그와 같은 경계를 다 요달하여 아시니
저 지혜산왕이 이 도를 행하십니다.

뜻이 항상 밝고 맑아 모든 때를 떠났기에
삼계 가운데 집착하는 바가 없으며
수많은 계율을 보호하고 가져 저 언덕에 이르시니
이 청정한 마음을 가진 이가 이 도를 행하십니다.

疏

第二에 智地下는 頌饒益行이라 五偈分四리니 初偈는 律儀니 謂有智能護하야 心不動故가 是菩薩律儀라 次二는 攝善이요 三에 有一偈는 饒益有情이니 擧處攝人이요 後偈는 總結三聚라

제 두 번째 지혜의 지위라고 한 아래는 요익케 하는 행을 읊은 것이다.

다섯 게송을 네 가지로 나누리니

처음 게송은 섭율의계이니,

말하자면 지혜가 있어 능히 보호하고 가져 마음이 동요하지 않는 까닭이 이 보살의 율의이다.

다음에 두 게송은 섭선법계요

세 번째 한 게송이 있는 것은 요익유정계이니,

처소를 들어 사람을 섭수한 것이요

뒤에 게송은 삼취정계를 모두 맺는 것이다.

經

智慧無邊不可說이요　普遍法界虛空界로대
善能修學住其中하시니 彼金剛慧行斯道하시니다

三世一切佛境界에　智慧普入悉周遍이로대
未嘗暫起疲厭心하시니 彼最勝者行斯道하시니다

善能分別十力法하야　了知一切至處道로대
身業無礙得自在하시니 彼功德身行此道하시니다

十方無量無邊界에　所有一切諸衆生을
我皆救護而不捨하나니 彼無畏者行斯道하시니다

지혜는 끝이 없어 가히 설할 수 없고
법계와 허공계에 널리 두루하지만
잘 능히 수학하여 그 가운데 머무시니
저 금강의 지혜를 가진 이가 이 도를 행하십니다.

삼세에 일체 부처님의 경계에
지혜로 널리 들어가 다 두루하지만
일찍이 잠깐도 피곤하거나 싫어하는 마음을 일으키지 않으시니
저 가장 수승한 이가 이 도를 행하십니다.

잘 능히 십력의 법을 분별하여
일체 처소에 이르는 길을 요달하여 알지만
신업이 걸림이 없어 자재함을 얻으시니
저 공덕신 가진 이가 이 도를 행하십니다.

시방에 한량없고 끝없는 세계에
있는 바 일체 모든 중생을
내가 다 구호하여 버리지 않나니
저 두려움이 없는 이가 이 도를 행하십니다.

疏

第三에 智慧下는 無違逆行이라 四頌中三이니 初一은 諦察法忍이라 次二는 安受苦忍이니 一은 引他勵己하야 以策修요 二는 引所成德하야 以進道라 後一頌은 耐怨害忍이니 遇害無惱하고 但增救心이라

제 세 번째 지혜는 끝이 없다고 한 아래는 어기거나 거역함이 없는 행을 읊은 것이다.
네 가지 게송 가운데 세 가지가 있나니
처음에 한 게송은 제찰법인이다.
다음에 두 게송은 안수고인이니
첫 번째 게송은 저 부처님을 이끌어 자기를 책려하여 수행하기를

채찍질하는 것이요
두 번째 게송은 이룬 바 공덕을 이끌어 도에 나아가게 하는 것이다.
뒤에 한 게송은 뇌원해인이니,
해침을 만나지만 뇌로움이 없고 다만 구호할 마음만 더할 뿐이다.

經

於諸佛法勤修習호대　心嘗精進不懈倦하야
淨治一切諸世間하시니 彼大龍王行此道하시니다

了知衆生根不同하며　欲解無量各差別과
種種諸界皆明達하시니 此普入者行斯道하시니다

十方世界無量刹에　悉往受生無有數나
未曾一念生疲厭하시니 彼歡喜者行斯道하시니다

普放無量光明網하야　照耀一切諸世間호대
其光所照入法性하시니 此善慧者行斯道하시니다

震動十方諸國土를　無量億數那由他로대
不令衆生有驚怖하시니 此利世者所行道니이다

모든 불법에 부지런히 닦아 익히되
마음에 일찍이[312] 정진을 게을리 아니하여
일체 모든 세간을 깨끗하게 다스리시니
저 큰 용왕이 이 도를 행하십니다.

중생의 근기가 같지 아니함을 요달하여 알며

312 嘗 자는 常 자로 된 곳도 있다.

욕망과 지해가 한량이 없어 각각 차별함과
가지가지 모든 세계를 다 밝게 요달하시니
이 널리 들어가는 이가 이 도를 행하십니다.

시방세계의 한량없는 국토에
다 가서 받아 나는 것이 수가 없지만
일찍이 한 생각도 피곤하거나 싫어함을 내지 않으시니
저 환희하는 이가 이 도를 행하십니다.

한량없는 광명의 그물을 널리 놓아
일체 모든 세간을 비추되
그 광명이 비치는 곳에 법성에 들어가시니
이 선한 지혜 가진 이가 이 도를 행하십니다.

시방에 모든 국토 진동하기를
한량없는 억수의 나유타 세월토록 하지만
중생으로 하여금 놀라거나 두렵게 하지 않으시니
이 세상을 이익케 하는 이가 행하시는 바 도입니다.

疏

第四에 於諸下는 無屈撓行이라 五偈分三하리니 初二는 頌前攝善精進이니 亦名加行이라 初半偈는 卽頌第一精進等十句요 次句는

卽頌前離過十句요 後偈는 頌前所爲라 次一은 頌被甲精進이니 爲物受苦하야도 心無厭等이요 後二偈는 頌利樂精進이라

제 네 번째 모든 불법이라고 한 아래는 굴복하거나 꺾임이 없는 행을 읊은 것이다.
다섯 게송을 세 가지로 나누리니
처음에 두 게송은 앞[313]에 섭선정진을 읊은 것이니
또한 이름이 가행정진이다.
처음에 반 게송은 곧 앞[314]에 제일정진 등 열 구절을 읊은 것이요
다음 구절[315]은 곧 앞[316]에 허물을 떠난 가운데 열 구절[317]을 읊은 것이요
뒤에 게송[318]은 앞에 정진하는 바[319]를 읊은 것이다.
다음에 한 게송은 앞에 피갑정진[320]을 읊은 것이니

313 앞이란, 영인본 화엄 6책, p.584, 2행에 삼종정진三種精進이니 一은 피갑정진被甲精進이고, 二는 가행정진加行精進이고, 三은 섭선정진攝善精進이다.
314 앞이란, 영인본 화엄 6책, p.581, 6행이다.
315 원문에 차구次句란, 初偈에 第三句이다.
316 앞이란, 영인본 화엄 6책, p.583, 5행이다.
317 원문에 전리과십구前離過十句는 앞에 영인본 화엄 6책, p.583, 3행 경문의 구절은 七句이나 뜻은 십종번뇌十種煩惱를 말하고 있나니 삼독三毒(一句)과 교만憍慢(二句)과 복장覆藏(三句)과 간慳·질嫉(四句)과 첨諂·광誑(五句)과 참괴慚愧(六句)와 종불뇌일중생終不惱一衆生(七句)이다.
318 원문에 후게後偈는 初二偈 가운데 後偈이다.
319 원문에 전소위前所爲는 영인본 화엄 6책, p.584, 2행이다.
320 피갑정진被甲精進은 역시 영인본 화엄 6책, p.584, 2행이다.

중생을 위하여 고통을 받아도 마음이 싫어함이 없는 등이요 뒤에 두 게송은 이락정진[321]을 읊은 것이다.

321 이락정진은 영인본 화엄 6책, p.593, 4행이다.

經

善解一切語言法하야 問難酬對悉究竟하며
聽哲辯慧靡不知하시니 此無畏者所行道니이다

善解覆仰諸國土하야 分別思惟得究竟하며
悉使住於無盡地하시니 此勝慧者所行道니이다

일체 언어의 법을 잘 알아
묻고 답함을 다 구경까지 하며
총명하고 분별하는 지혜를 알지 못함이 없으시니
이 두려움이 없는 이가 행하시는 바 도입니다.

엎어지고 우러른 모든 국토를 잘 알아
분별하고 사유하여 구경까지 얻으며
다 하여금 끝없는 땅에 머물게 하시니
이 수승한 지혜를 가진 이가 행하시는 바 도입니다.

疏

第五에 善解下는 頌離癡亂行이라 二頌中三이니 初一은 頌現法樂住니 於中前半은 頌能持色法言說等이요 後半은 通頌前無癡亂等七句라 次半偈는 頌引生功德禪이니 了一切法이 無有邊際하며 得一切法의 眞實智慧라할새 故云得究竟也라하니라 後半偈는 頌

饒益有情이니 中에 我當令一切衆生이라하야 乃至究竟에 無餘涅槃이라할새 卽無盡地라하니라

제 다섯 번째 일체 언어의 법을 잘 안다고 한 아래는 어리석거나 산란함을 떠난 행을 읊은 것이다.
두 게송 가운데 세 가지가 있나니
처음에 한 게송은 현재 법락에 머무는 선이라고 한 것을 읊은 것이니 그 가운데 앞에 반 게송은 색법과[322] 비색법의 언설을 능히 가진다고 한 등을 읊은 것이요
뒤에 반 게송은 앞[323]에 어리석거나 산란함이 없다는 등의 아홉[324] 구절을 통틀어 읊은 것이다.
다음에 반 게송은 공덕을 이끌어내는 선이라고 한 것을 읊은 것이니, 일체법이 끝이 없음을 알며[325] 일체법의 진실한 지혜를 얻는다[326] 하였기에 그런 까닭으로 말하기를 구경까지 얻는다 하였다.
뒤에 반 게송은 유정을 요익케 하는 선이라고 한 것을 읊은 것이니, 그 가운데 내가 마땅히[327] 일체중생으로 하여금이라 하여 내지 구경에 무여열반을 얻는다 하였기에 곧 끝없는 땅이라 하였다.

---

322 색법色法 등이란, 영인본 화엄 6책, p.601, 6행이다.
323 앞이란, 역시 영인본 화엄 6책, p.601이다.
324 七 자는 九 자의 잘못이니 영인본 화엄 6책, p.602, 4행 소문疏文에 문단유구文但有九나 개초위이開初爲二하면 구역유십句亦有十이라 하였다.
325 원문에 요일체법了一切法 운운은 영인본 화엄 6책, p.632, 6행이다.
326 원문에 득일체법得一切法 운운은 영인본 화엄 6책, p.632, 7행이다.
327 원문에 아당我當 운운은 영인본 화엄 6책, p.634, 5행이다.

經

功德無量那由他나　　為求佛道皆修習하야
於其一切到彼岸하시니 此無盡行所行道니이다

超出世間大論師가　　辯才第一師子吼로
普使群生到彼岸하시니 此淨心者所行道니이다

공덕이 한량없는 나유타처럼 많지만
불도를 구하기 위하여 다 닦아 익혀
그 일체중생으로 저 언덕에 이르게 하시니
이 끝없는 행을 한 이가 행하시는 바 도입니다.

세간을 뛰어난 큰 논사가
변재가 제일인 사자후로써
널리 군생으로 하여금 저 언덕에 이르게 하시니
이 청정한 마음을 가진 이가 행하시는 바 도입니다.

疏

第六에 功德下에 二頌은 頌善現行이라

제 여섯 번째 공덕이 한량없다고 한 아래에 두 게송은 잘 나타나는 행[328]을 읊은 것이다.

鈔

六善現行二偈中에 初偈는 頌前正辯三諦요 次半은 頌依智起悲요 後半은 頌行成益物이라 然皆有無對辯이니 具三諦義니라 古將初半하야 爲加行하고 次半根本하고 後偈後得이라하니라 然取攝論之文인댄 論依六度하고 似不會敎어니와 若兼正으로 明義인댄 理則可通하리라 前文에 旣依本業일새 今頌엔 不可錄舊니라

여섯 번째 잘 나타나는 행을 읊은 두 게송 가운데
처음 게송은 앞에 바로 삼제를 분별한다고[329] 한 것을 읊은 것이요
다음에 반 게송은 지혜를 의지하여 대비를 일으킨다고 한 것을 읊은 것이요
뒤에 반 게송은 행이 중생을 이익케 함을 이룬다[330]고 한 것을 읊은 것이다.
그러나 다 있고 없는 것으로 상대하여 분별한 것이니[331]

---

328 원문에 선현행善現行은 영인본 화엄 6책, p.635, 말행末行이다.

329 바로 삼제를 분별한다고 한 것을 읊은 것이라고 한 것은 위에 반 게송은 유有이고, 제삼구는 무無이니 융합하면 곧 중도가 되는 까닭이다.

330 원문에 행성익물行成益物은 영인본 화엄 6책, p.662, 6행이다.

331 원문에 개유무대변皆有無對辯은 二頌 가운데 初頌에 初二句는 有요 第三句는 無다. 次頌 가운데 初句에 초출세간超出世間이란 無요 第二句는 有요, 第三句에 보사군생普使群生이란 有요 도피안到彼岸이란 無이니, 이미 有와 無를 다 갖추었다면 곧 中道라 할 것이다. 그런 까닭으로 삼제三諦의 뜻을 갖추었다 하였으니, 곧 『본업경本業經』에 삼제三諦의 뜻이다.

삼제의 뜻을 갖추었다.[332]
고인은 처음에 반 게송을 가져 가행지加行智를 삼고,
다음에 반 게송은 근본지를 삼고, 뒤에 게송은 후득지를 삼는다 하였다.
그러나 『섭론』의 문장을 의지한다면 『섭론』에는 육바라밀을 의지하고 교教를 회통하지 않은 듯하거니와, 만약 겸兼과 정正으로 뜻을 밝힌다면 이치가 곧 가히 통할 것이다.
앞의 문장에서[333] 이미 『본업경』을 의지하여 말하였기에 지금 게송에는 가히 옛날 고인의 말을 기록하지 않는다.

---

332 삼제의 뜻을 갖추었다고 한 것은 뒤의 게송 가운데 위에 반 게송에 지혜라고 한 것은 곧 무無이고, 대비라고 한 것은 곧 유有이다. 아래 반 게송에 군생으로 하여금이라고 한 것은 유이고, 저 언덕에 이르게 한다고 한 것은 무이니 다 융합하면 곧 중도를 이루는 것이다. 역시 『잡화기』의 말이다.

333 앞의 문장 운운한 것은 이 위에 분별하여 수순한 뜻인즉, 『섭론』의 육바라밀과 『본업경』의 십바라밀은 이것은 어김이 있지 않나니 겸兼과 정正으로써 뜻을 밝힌 것이다. 그런 까닭으로 다만 저 앞의 가운데 이미 『본업경』의 삼제三諦를 인용하였거늘, 지금에 반대로 『섭론』의 삼지三智를 인용한다면 곧 저 스스로 앞과 뒤가 다름이 있는 까닭으로 소문 가운데 그 해석을 기록하지 않는다는 것이다. 역시 『잡화기』의 말이다.
앞의 문장(前文)이란 장행초문長行鈔文이니, 영인본 화엄 6책, p.664, 7행과 말행이다.

經

諸佛灌頂第一法에　　已得此法灌其頂하야
心恒安住正法門하시니 彼廣大心行此道하시니다

一切衆生無量別거늘　了達其心悉周遍하사
決定護持佛法藏하시니 彼如須彌行此道하시니다

能於一一語言中에　　普爲示現無量音하사
令彼衆生隨類解하시니 此無礙見行斯道하시니다

一切文字語言法에　　智皆善入不分別하사
住於眞實境界中하시니 此見性者所行道니이다

모든 부처님이 관정한 제일의 법에
이미 이 법으로 그 머리에 관정함을 얻어
마음이 항상 바른 법문에 편안히 머무시니
저 광대한 마음을 가진 이가 이 도를 행하십니다.

일체중생이 한량없이 다르거늘
그들의 마음 요달하기를 다 두루하여
결정코 불법의 창고를 보호하고 가지시니
저 수미산 같은 이가 이 도를 행하십니다.

능히 낱낱 언어 가운데
널리 한량없는 음성을 시현하여
저 중생으로 하여금 유형을 따라 알게 하시니
이 걸림 없이 보는 이가 이 도를 행하십니다.

일체 문자와 언어의 법에
지혜로 다 잘 들어가지만 분별하지 않아서
진실한 경계 가운데 머무시니
이 견성한 이가 행하시는 바 도입니다.

疏

第七에 四偈는 頌無著行이니 對前思之니라

제 일곱 번째 네 게송은 주착함이 없는 행을 읊은 것이니,
앞에 장행문을 상대하여 생각할 것이다.

鈔

第七四偈는 頌無著行은 初偈는 卽二方便中에 迴向善巧요 三方便中에 進趣向果니 已得灌頂이 是向果故라 次二偈는 卽拔濟善巧요 次半偈는 卽巧會有無니 謂善入文字는 是會有也요 不分別者는 是會無也라 後半은 一切法을 不捨不受니라 若配經文인댄 初偈는 頌淨菩薩道하며 受菩薩記호대 而無所著이요 次偈는 頌悲念衆生이요 後

二偈는 頌前於一切世間에 成熟衆生이니 前約所化의 種種音等이요 此約能化의 一音隨類며 前令所化不著이요 此卽能化不著이라

제 일곱 번째 네 게송은 주착함이 없는 행을 읊은 것이라고 한 것은 처음 게송은 곧 두 가지 방편[334] 가운데 회향하는 선교방편이요
세 가지 방편[335] 가운데 진취하여 과위에 향하는 방편이니
이미 관정을 얻은 것이 이것이 과위에 향하는 까닭이다.
다음에 두 게송은 곧 빼내어 건져주는 선교방편이요
다음에 반 게송은 있고 없음을 교묘하게 아는 것이니,
말하자면 문자에 잘 들어간다고 한 것은 이것은 있는 것을 아는 것이요
분별하지 않는다고 한 것은 이것은 없는 것을 아는 것이다.
뒤에 반 게송은 일체법을 버리지도 않고 받지도 않는 방편이다.
만약 경문[336]에 배속한다면 처음 게송은 보살의 도를 청정케 하며 보살의 수기를 받되[337] 집착하는 바가 없다[338]고 한 것을 읊은 것이요
다음 게송은 대비로 중생을 생각한다[339]고 한 것을 읊은 것이요

---

334 원문에 이방편二方便은 유식唯識 가운데 두 가지 방편(二方便)이니 발제방편拔濟方便과 회향방편回向方便이다.

335 원문에 삼방편三方便은 『본업경本業經』 가운데 세 가지 방편(三方便)이니 진취향과進趣向果와 교회유무巧會有無와 일체법불사불수一切法不捨不受이다.

336 경문經文이란, 장행문長行文이다.

337 원문에 정보살도淨菩薩道와 수보살기受菩薩記는 영인본 화엄 6책, p.671, 1행에 있다.

338 원문에 무소착無所着은 의인意引이다.

뒤에 두 게송은 앞[340]에 일체 세간에 중생을 성숙케 한다고 한 것을 읊은 것이니,

앞[341]에서는 소화所化의 가지가지 음성 등을 잡은 것이요

여기서는 능화能化의 한 음성으로 유형을 따른 것이며

앞에서는 소화所化로 하여금 집착하지 않게 하는 것이요

여기서는 곧 능화能化로 집착하지 않게 하는 것이다.

---

339 원문에 비념중생悲念衆生은 영인본 화엄 6책, p.675, 말행末行에 관제중생觀諸衆生하고 증장대비增長大悲라 하였다.

340 앞이란, 영인본 화엄 6책, p.676, 3행을 요약하여 인용하였다.

341 앞이란, 영인본 화엄 6책, p.685, 3행이다.

經

安住甚深大法海하야　善能印定一切法하사
了法無相眞實門하시니 此見實者所行道니이다

一一佛土皆往詣하야　盡於無量無邊劫토록
觀察思惟靡暫停하시니 此匪懈者所行道니이다

無量無數諸如來의　種種名號各不同이나
於一毛端悉明見하시니 此淨福者所行道니이다

一毛端處見諸佛이나　其數無量不可說이며
一切法界悉亦然하시니 彼諸佛子行斯道하시니다

無量無邊無數劫을　於一念中悉明見하사
知其修促無定相하시니 此解脫行所行道니이다

能令見者無空過하야　皆於佛法種因緣이나
而於所作心無著하시니 彼諸最勝所行道니이다

那由他劫常遇佛이나　終不一念生疲厭하고
其心歡喜轉更增하시니 此不空見所行道니이다

盡於無量無邊劫토록　觀察一切衆生界나
未曾見有一衆生하시니 此堅固士所行道니이다

깊고도 깊은 큰 법해法海에 편안히 머물러
일체법을 잘도 능히 인정하여
법의 모습 없는 진실한 문門을 요달하시니
이 진실을 본 이가 행하시는 바 도입니다.

낱낱 부처님의 국토에 다 나아가서
한량도 없고 끝도 없는 세월이 다하도록
관찰하고 사유하되 잠시도 머물지 않으시니
이 게으르지 않는 이가 행하시는 바 도입니다.

한량도 없고 수도 없는 모든 여래의
가지가지 명호가 각각 같지 않지만
한 털끝에서 다 분명하게 보시니
이 청정한 복을 가진 이가 행하시는 바 도입니다.

한 털끝 처소에서 모든 부처님을 친견하지만
그 수가 한량이 없어 가히 설할 수 없으며
일체 법계에도 다 또한 그러하시니
저 모든 불자가 이 도를 행하십니다.

한량도 없고 끝도 없고 수도 없는 세월을
한 생각 가운데 다 분명히 알아
그 길고도 짧은 것이 일정한 모습이 없는 줄 아시니

이 해탈행자가 행하시는 바 도입니다.

능히 보는 이로 하여금 헛되이 지남이 없어서
다 불법에 인연을 심게 하지만
하는 바에 마음이 집착이 없으시니
저 모든 것이 가장 수승한 이가 행하시는 바 도입니다.

나유타 세월에 항상 부처님을 만나지만
마침내 한 생각도 피곤하거나 싫어함을 내지 않고
그 마음 환희한 것이 전전히 다시 증장하시니
이 헛되이 보지 않는 이가 행하시는 바 도입니다.

한량도 없고 끝도 없는 세월이 다하도록
일체중생의 세계를 관찰하지만
일찍이 한 중생도 있는 줄 보지 않으시니
이 견고한 사람이 행하시는 바 도입니다.

疏

第八에 安住下八偈는 頌難得行이라 分五하리니 初一偈는 卽自行之願이요 次四는 神通이요 次一은 外化요 次一은 求菩提요 後一은 成熟有情이라 若屬經文인댄 初四偈는 頌前於佛法中에 得最勝解等十句요 二에 無量下三偈는 頌自行成益이요 第三에 一偈는

頌前利他에 不捨一衆生하고 著多衆生等이라

제 여덟 번째 깊고도 깊은 큰 법해에 편안히 머문다고 한 아래에 여덟 게송은 얻기 어려운 행을 읊은 것이다.
다섯 가지로 나누리니
처음에 한 게송은 스스로 수행하기를 서원한 것이요
다음에 네 게송은 신통이요
다음에 한 게송은 밖으로 교화하는 것이요
다음에 한 게송은 보리를 구하는 것이요
뒤에 한 게송은 유정을 성숙케 하는 것이다.

만약 경문에 배속한다면
처음에 네 게송은 앞[342]에 불법 가운데 가장 수승한 지해를 얻는다고 한 등 열 구절을 읊은 것이요
두 번째 한량도 없고 끝도 없고 수도 없는 세월이라고 한 아래에 세 게송은 자기의 수행이 이익을 이루게 하는 것[343]을 읊은 것이요
제 세 번째 한 게송은 앞의 이타행에 한 중생을 버리고[344] 수많은 중생에게 집착하지 아니한다고 한 등을 읊은 것이다.

342 앞이란, 영인본 화엄 6책, p.694, 4행이다.
343 원문에 자행성익自行成益은 영인본 화엄 6책, p.694, 1행이다.
344 원문에 불사중생不捨一衆生 운운은 영인본 화엄 6책, p.695, 7행이다.

鈔

第八에 安住下八頌中에 言頌最勝等十句者는 於中初句는 頌廣大解요 次二句는 頌決定解요 第二偈는 除護念一句하고 頌餘七句요 後之二偈는 頌佛護念이니 以明見故로 得護念也라 二에 無量下三偈는 頌自行中에 初偈는 卽能轉多劫生死요 後二는 卽見者不空이니 初偈는 辯不空之果요 後偈는 辯不空之因이니 由見佛無厭故니라

제 여덟 번째 깊고도 깊은 큰 법해에 편안히 머문다고 한 아래에 여덟 게송 가운데 가장 수승한 지혜 등 열 구절을 읊은 것이라고 말한 것은 그 가운데 처음 구절은 광대한 지혜[345]라고 한 것을 읊은 것이요

다음에 두 구절은 결정한 지혜라고 한 것을 읊은 것이요

제 두 번째 게송은 보호하고 염려하는 바라고 한 한 구절[346]을 제외하고 나머지 일곱 구절[347]을 읊은 것이요

뒤에 두 게송은 모든 부처님이 보호하고 염려하는 바라고 한 것을 읊은 것이니,

분명하게 보는 까닭으로 보호하고 염려함을 얻는 것이다.

---

345 원문에 광대해廣大解는 영인본 화엄 6책, p.692, 5행이다.

346 원문에 호념일구護念一句란, 장행문長行文 십구十句 가운데 일체제불지소호념一切諸佛之所護念 구절이니 영인본 화엄 6책, p.692, 6행이다.

347 원문에 여칠구餘七句란, 앞에 배속한 최승해最勝解와 광대해廣大解와 소호념所護念 구절을 제외한 나머지 일곱 구절이다.

두 번째 한량도 없고 끝도 없고 수도 없는 세월이라고 한 아래에 세 게송은 자기의 수행을 읊은 것이라고 한 가운데 처음 게송은 곧 능히 수많은 세월토록 생사에 유전한[348] 것이요

뒤에 두 게송은 곧 보는 이는 헛되지 않나니

처음 게송은 헛되지 않는 결과를 분별한 것이요

뒤에 게송은 헛되지 않는 원인을 분별한 것이니

부처님을 친견하되 싫어함이 없다고 한 것을 인유한[349] 까닭이다.

---

348 원문에 전다겁생사轉多劫生死는 영인본 화엄 6책, p.693, 1행을 의인意引한 것이다.

349 원문에 유견불무염由見佛無厭은, 後偈는 직전의 第七偈에 상우불常遇佛호대 불일념생염不一念生厭이라 한 것을 인유했다는 것이다.

經

修習無邊福智藏하야　普作清涼功德池하사
利益一切諸群生하시니 彼第一人行此道하시니다

法界所有諸品類가　普遍虛空無數量이나
了彼皆依言說住하시니 此師子吼所行道니이다

能於一一三昧中에　普入無數諸三昧호대
悉至法門幽奧處하시니 此論月者行斯道하시니다

忍力勤修到彼岸하야　能忍最勝寂滅法이나
其心平等不動搖하시니 此無邊智所行道니이다

於一世界一坐處에　其身不動恒寂然이나
而於一切普現身하시니 彼無邊身行此道하시니다

無量無邊諸國土를　悉令共入一塵中이나
普得包容無障礙하시니 彼無邊思行此道하시니다

끝없는 복덕과 지혜의 창고를 닦아 익혀
청량한 공덕의 못을 널리 만들어
일체 모든 군생을 이익케 하시니
저 제일가는 사람이 이 도를 행하십니다.

법계에 있는 바 모든 품류의 중생이
널리 허공에 두루하여 수도 없고 양도 없지만
저들이 다 언설을 의지하여 머무는 줄 아시니
이 사자후 가진 이가 행하시는 바 도입니다.

능히 낱낱 삼매 가운데
널리 수없는 모든 삼매에 들어가되
다 법문의 깊은 곳에 이르시니
이 월륜月輪[350] 같은 이가 이 도를 행하십니다.

인욕의 힘을 부지런히 닦아 저 언덕에 이르러
가장 수승한 적멸의 법을 능히 참아 가지지만
그 마음이 평등하여 동요하지 않으시니
이 끝없는 지혜를 가진 이가 행하시는 바 도입니다.

한 세계에 한 번 앉은 곳에
그 몸이 동요하지 않고 항상 고요하지만
일체 처소에 널리 그 몸을 나타내시니
저 끝없는 몸을 가진 이가 이 도를 행하십니다.

한량도 없고 끝도 없는 모든 국토를

---

350 원문에 논월論月은 月輪이라 하는 것이 합당하다.

다 하여금 한 티끌 가운데 들어가게 하지만
널리 포용함을 얻어 걸림이 없으시니
저 끝없이 사유하는 이가 이 도를 행하십니다.

疏

第九에 修習下六頌은 頌善法行이니 初一은 修習力이요 次一은 思擇力이요 次二는 修定通이요 次一은 報得通이요 後一은 變化通이라 若屬經文인댄 初偈는 頌釋名이니 前半은 攝持正法이요 後半은 不斷佛種이며 亦大悲河라 次偈는 卽波羅蜜河니 問答成就요 次偈는 卽三昧河니 前擧三昧之用하고 此約三昧之體라 次一은 卽願智河요 次一은 十身體用이요 後一은 卽示現如來自在라

제 아홉 번째 끝없는 복덕과 지혜의 창고를 닦아 익힌다고 한 아래에 여섯 게송은 잘 법을 설하는 행을 읊은 것이니
처음에 한 게송은 닦아 익히는 힘이요
다음에 한 게송은 사택[351]하는 힘이요
다음에 두 게송은 삼매를 닦은 신통의 힘이요
다음에 한 게송은 과보로 얻은 신통의 힘이요
뒤에 한 게송은 변화[352]하는 신통의 힘이다

351 원문에 처음에 수습修習과 다음에 사택思擇은 유식唯識의 말이니 영인본 화엄 6책, p.718, 5행에 있다.

352 원문에 그 다음에 수정修定과 그 다음에 과보果報와 뒤에 변화變化는 『본업경本

만약 경문에 배속한다면 처음 게송은 석명釋名[353]을 읊은 것이니,
앞에 반 게송은 정법을 섭수하여 가진다[354]고 한 것을 읊은 것이요
뒤에 반 게송은 부처님의 종성이 끊어지지 않게 한다고 한 것을 읊은 것이며 또한 대비의 물[355]을 읊은 것이다.

다음 게송은 곧 바라밀의 물[356]을 읊은 것이니,
문답하여 성취[357]한다 한 것이요

다음 게송은 곧 삼매의 물[358]을 읊은 것이니,
앞에 장행문에서는 삼매의 작용을 거론하였고 여기서는 삼매의 자체를 잡은 것이다.

다음에 한 게송은 곧 서원과 지혜의 물[359]을 읊은 것이요
다음에 한 게송은 십신의 자체와 작용[360]을 읊은 것이요
뒤에 한 게송은 곧 여래의 자재를 시현[361]한다고 한 것을 읊은 것이다.

業經』의 말이다.

353 원문에 석명釋名은 장행소문長行疏文엔 석상釋相이라 하였다. 영인본 화엄 6책, p.719, 9행에 있다.

354 원문에 섭지정법攝持正法과 바로 아래 부단불종不斷佛種은 영인본 화엄 6책, p.719, 8행에 있다.

355 원문에 대비하大悲河는 영인본 화엄 6책, p.723, 장행문長行文이니 疏에 大悲河라 하였다.

356 원문에 바라밀하波羅密河는 영인본 화엄 6책, p.725, 2행이다.

357 원문에 문답성취問答成就는 영인본 화엄 6책, p.725, 1행이다.

358 원문에 삼매하三昧河는 영인본 화엄 6책, p.725, 말행末行 소문疏文이다.

359 원문에 원지하願智河는 영인본 화엄 6책, p.727, 3행이다.

360 원문에 십신체용十身體用은 영인본 화엄 6책, p.730, 장행문이다.

361 원문에 시현여래자재示現如來自在는 영인본 화엄 6책, p.736, 7행이다.

經

了達是處及非處하야 於諸力處普能入하사
成就如來最上力하시니 彼第一力所行道니이다

過去未來現在世에 無量無邊諸業報를
恒以智慧悉了知하시니 此達解者所行道니이다

了達世間時非時하야 如應調伏諸衆生호대
悉順其宜而不失하시니 此善了者所行道니이다

옳은 곳과 그리고 그른 곳을 요달하여
모든 십력처에 널리 능히 들어가
여래의 최상의 힘을 성취하시니
저 제일가는 힘을 가진 이가 행하시는 바 도입니다.

과거 미래 현재 세상에
한량도 없고 끝도 없는 모든 업보를
항상 지혜로써 다 요달하여 아시니
이 요달하여 아는 이가 행하시는 바 도입니다.

세간의 때와 아닌 때를 요달하여
응함과 같이 모든 중생을 조복하되
다 그 마땅한 때를 따라 잃지 않으시니

이 잘도 아는 이가 행하시는 바 도입니다.

疏

第十에 了達下四十三偈는 頌眞實行이라 文分爲六하리니 第一에 三偈는 頌得十力이라

제 열 번째 옳은 곳과 그리고 그릇 곳을 요달한다고 한 아래에 사십 세 게송은 진실한 행을 읊은 것이다.
게송문을 나누어 여섯 가지로 하리니
제일 첫 번째 세 게송은 열 가지 지혜의 힘을 얻는다고 한 것을[362] 읊은 것이다.

362 원문에 득십력得十力은 영인본 화엄 6책, p.742, 말행末行 이하 십력의 장행문을 뜻으로 인용한 것이다.

經

善守身語及意業하야　恒令依法而修行호대
離諸取著降衆魔하시니 此智心者所行道니이다

於諸法中得善巧하야　能入眞如平等處호대
辯才宣說無有窮하시니 此佛行者所行道니이다

陀羅尼門已圓滿하고　善能安住無礙藏하사
於諸法界悉通達하시니 此深入者所行道니이다

신업과 어업과 그리고 의업을 잘 지켜
항상 하여금 법을 의지하여 수행하되
모든 취착을 떠나고 수많은 마군을 항복케 하시니
이 지혜로운 마음을 가진 이가 행하시는 바 도입니다.

모든 법 가운데 선교를 얻어
능히 진여의 평등한 처소에 들어가되
변재로 선설하기를 다함이 없이 하시니
이 부처님의 행을 하는 이가 행하시는 바 도입니다.

다라니문이 이미 원만하고
잘 능히 걸림 없는 창고에 편안히 머물러
모든 법계를 다 통달하시니

이 깊이 들어간 이가 행하시는 바 도입니다.

疏

二에 善守下三偈는 頌得三世諸佛의 無二語니 初偈는 正明依法修行이니 卽無二語요 餘二偈는 頌我爲最勝等이라

두 번째 신업과 어업과 그리고 의업을 잘 지킨다고 한 아래에 세 게송은 삼세에 모든 부처님의 둘이 없는 말을 얻었다고 한 것을 읊은 것이니
처음 게송은 법을 의지하여 수행함을 바로 밝힌 것이니
곧 둘이 없는 말이요
나머지 두 게송은 내가 가장 수승함이[363] 된다고 한 등을 읊은 것이다.

鈔

我爲 最勝等에 二偈는 卽最勝義니 謂善入平等하며 及達法界나 不取著故니라

내가 가장 수승함이 된다고 한 등에 두 게송은 곧 가장 수승하다는 뜻이니,

363 원문에 최승등最勝等이라고 한 것은 나머지 오의五義를 등취等取함이다. 次下에 육송六頌은 동불선근同佛善根이다. 원문에 아위최승我爲最勝이란, 영인본 화엄 6책, p.744, 5행에 있다.

말하자면 평등한 처소에 잘 들어가며[364] 그리고 모든 법계를 통달하지만[365] 취착하지 않는 까닭이다.

---

364 원문에 선입평등善入平等은 제이게第二偈이다.

365 원문에 달법계達法界는 제삼게第三偈이다.

經

三世所有一切佛이　　悉與等心同智慧하며
一性一相無有殊하시니 此無礙種所行道니이다

已抉一切愚癡膜하고　深入廣大智慧海하사
普施衆生淸淨眼하시니 此有目者所行道니이다

已具一切諸導師의　　平等神通無二行하며
獲於如來自在力하시니 此善修者所行道니이다

遍遊一切諸世間하야　普雨無邊妙法雨하사
悉令於義得決了하시니 此法雲者所行道니이다

能於佛智及解脫에　　深生淨信永不退하야
以信而生智慧根하시니 此善學者所行道니이다

能於一念悉了知　　　一切衆生無有餘하며
了彼衆生心自性하시니 達無性者所行道니이다

삼세에 계시는 바 일체 부처님이
다 마음이 같고 지혜가 같으며
한 자성과 한 모습도 다름이 없으시니
이 걸림 없는 종성을 가진 이가 행하시는 바 도입니다.

이미 일체 어리석음의 장막을 긁어내었고
광대한 지혜의 바다에 깊이 들어가
널리 중생에게 청정한 눈을 보시하시니
이 눈이 있는 이가 행하시는 바 도입니다.

이미 일체 모든 도사의
평등한 신통인 둘이 없는 행을 구족하였으며
여래의 자재한 힘을 얻으셨으니
이 잘 수행하는 이가 행하시는 바 도입니다.

일체 모든 세간에 두루 유행하여
끝없는 묘한 법의 비를 널리 내려
다 하여금 그 뜻에 결정코 요달함을 얻게 하시니
이 진리의 구름을 가진 이가 행하시는 바 도입니다.

능히 부처님의 지혜와 그리고 해탈에
깊이 청정한 믿음을 내어 영원히 물러나지 아니하여
믿음으로써 지혜의 뿌리를 생기하시니
이 잘 배우는 이가 행하시는 바 도입니다.

능히 한 생각에
일체중생을 남김없이 다 알며
저 중생의 마음에 자성을 아시니

자성이 없는 줄 요달한 이가 행하시는 바 도입니다.

疏

三에 六偈는 頌同佛善根이라

세 번째 여섯 게송은 부처님과 선근이 같다[366]고 한 것을 읊은 것이다.

鈔

同佛善根者는 初偈는 頌最上이니 同一佛性이 是調御故요 次偈는 頌離翳요 次三偈는 頌已辦及善變化요 後偈는 頌爲依怙니 與佛化他故니라

부처님과 선근이 같다고 한 것은 처음 게송은[367] 최상[368]이 된다고 한 것을 읊은 것이니
동일한 불성이 이 조어사의 지위인 까닭이요
다음 게송은 번뇌의 가림에서 떠남이 된다고 한 것을[369] 읊은 것이요

---

366 원문에 동불선근同佛善根은 여삼세제불與三世諸佛로 선근동등善根同等이라 한 것이니 영인본 화엄 6책, p.742, 2행에 있다.

367 처음 게송 운운은 이미 부처님과 선근이 같다고 한 것을 읊었다고 말하였거늘, 여기에 도리어 이어二語가 없음을 배속한 가운데 뒤에 석문釋文을 가리킨 것은 또한 두 가지 이익(二利)의 선근인 까닭이다. 혹은 선근자善根者라고 한 아래에 역亦 자가 빠진 것이 아닐까 염려한다. 역시 『잡화기』의 말이다.

368 최상最上이란, 아위최상我爲最上이니 영인본 화엄 6책, p.744, 5행에 있다.

다음에 세 게송은 이미 판단함이 된다고 한 것과 그리고 잘 변화함이 된다고 한 것을[370] 읊은 것이요

뒤에 게송은 좋은 의지와 믿음이 된다고 한 것을[371] 읊은 것이니 모든 부처님이 저 중생을 교화하는 까닭이다.

---

369 번뇌 운운은 영인본 화엄 6책, p.744, 6행이다.

370 이미 운운은 영인본 화엄 6책, p.744, 7행이다.

371 좋은 운운은 영인본 화엄 6책, p.744, 8행이다.

經

法界一切諸國土에　悉能化往無有數나
其身最妙絶等倫하시니 此無比行所行道니이다

佛刹無邊無有數나　無量諸佛在其中하시니
菩薩於彼悉現前하야　親近供養生尊重하니다

菩薩能以獨一身으로　入於三昧而寂定하야
令見其身無有數나　一一皆從三昧起하시니다

菩薩所住最深妙하며　所行所作超戱論하며
其心清淨常悅樂하야　能令衆生悉歡喜케하니다

諸根方便各差別이나　能以智慧悉明見하사
而了諸根無所依하시니 調難調者所行道니이다

能以方便巧分別하야　於一切法得自在일새
十方世界各不同이나　悉在其中作佛事하시니다

법계의 일체 모든 국토에
다 능히 변화하여 가는 것이 수없이 많지만
그 몸이 가장 묘하여 함께 짝할 이 끊으시니
이 비교할 수 없는 수행자의 행하시는 바 도입니다.

부처님의 세계가 끝도 없고 수도 없지만
한량없는 모든 부처님이 그 가운데 계시니
보살이 저 앞에 다 나타나
친근하고 공양하여 존중함을 냅니다.

보살이 능히 홀로 한 몸으로써
삼매에 들어 고요히 결정하여
하여금 그 몸이 수없이 많지만
낱낱이 다 삼매로 좇아 일어나는 줄 보게 하십니다.

보살이 머무는 바가 가장 깊고 묘하며
행하는 바와 짓는 바가 희론을 초월하며
그 마음이 청정하여 항상 기쁘고 즐거워
능히 중생으로 하여금 다 환희케 합니다.

모든 근성과 방편이 각각 차별하지만
능히 지혜로써 다 분명하게 보아
모든 근성의 중생이 의지할 바가 없는 줄 아시니
조복하기 어려운 것을 조복하는 이가 행하시는 바 도입니다.

능히 방편으로써 교묘하게 분별하여
일체법에 자재함을 얻었기에
시방세계가 각각 같지 않지만
다 그 가운데 있으면서 불사를 지으십니다.

經

諸根微妙行亦然하야　能爲衆生廣說法하시니
誰其聞者不欣慶이리요 此等虛空所行道니이다

智眼淸淨無與等하며　於一切法悉明見하사
如是智慧巧分別하시니 此無等者所行道니이다

所有無盡廣大福으로　一切修行使究竟하사
令諸衆生悉淸淨하시니 此無比者所行道니이다

普勸修成助道法하야　悉令得住方便地하사
度脫衆生無有數나　未曾暫起衆生想이시니다

一切機緣悉觀察호대　先護彼意令無諍하고
普示衆生安隱處하시니 此方便者所行道니이다

모든 근성이 미묘하고 모든 행도 또한 그러하여
능히 중생을 위하여 널리 법을 설하시니
그 누구든 듣는 이가 기뻐하지 않겠습니까.
이 허공 같은 이가 행하시는 바 도입니다.

지혜의 눈이 청정하여 더불어 같을 이 없으며
일체법을 다 분명하게 보아

이와 같은 지혜로 교묘하게 분별하시니
이 비등할 수 없는 이가 행하시는 바 도입니다.

있는 바 끝없이 광대한 복으로
일체를 수행하되 하여금 구경까지 하여
모든 중생으로 하여금 다 청정케 하시니
이 비교할 수 없는 이가 행하시는 바 도입니다.

널리 조도助道의 법을 닦아 이루기를 권하여
다 하여금 방편方便의 지위에 머묾을 얻게 하여
중생을 제도하기를 수없이 하였지만
일찍이 잠깐도 중생이라는 생각을 내지 아니하셨습니다.

일체 근기의 인연을 다 관찰하되
먼저 저들의 뜻을 호지하여 하여금 다툼이 없게 하고
널리 중생에게 안은한 처소를 현시하시니
이 방편을 가진 이가 행하시는 바 도입니다.

疏

四에 法界下十一偈는 頌入佛種性이라 於中分二리니 初三偈는 頌身入이요 餘頌意入이라 於中初四는 頌入悲種性이요 後에 智眼下四頌은 頌入智種性이라

네 번째 법계의 일체 모든 국토라고 한 아래에 열한 게송은 부처님의 종성에 들어간다[372]고 한 것을 읊은 것이다.

그 가운데 두 가지로 나누리니

처음에 세 게송은 신입身入[373]을 읊은 것이요

나머지 게송은 의입意入을 읊은 것이다.

그 가운데 처음에 네 게송은 자비의 종성에 들어간다[374]고 한 것을 읊은 것이요

뒤에 지혜의 눈이 청정하다고 한 아래에 네 게송은 지혜의 종성에 들어간다[375]고 한 것을 읊은 것이다.

---

372 원문에 입불종성入佛種性은 영인본 화엄 6책, p.746, 8행, 과목科目이다.

373 신입身入이란, 영인본 화엄 6책, p.746, 9행에 약신명입約身明入이라 하였다.

374 원문에 입비종성入悲種性은 영인본 화엄 6책, p.747, 2행, 과목이다.

375 원문에 입지종성入智種性은 영인본 화엄 6책, p.747, 7행, 과목이다.

經

成就最上第一智하고　具足無量無邊智하사
於諸四衆無所畏하시니 此方便智所行道니이다

一切世界及諸法에　悉能遍入得自在하며
亦入一切衆會中하사　度脫群生無有數하시니다

十方一切國土中에　擊大法鼓悟群生호대
爲法施主最無上하시니 此不滅者所行道니이다

一身結跏而正坐하야　充滿十方無量刹이나
而令其身不迫隘하시니 此法身者所行道니이다

能於一義一文中에　演說無量無邊法이나
而其邊際不可得하시니 此無邊智所行道니이다

於佛解脫善修學하고　得佛智慧無障礙하며
成就無畏爲世雄하시니 此方便者所行道니이다

了知十方世界海하며　亦知一切佛刹海하며
智海法海悉了知하시니 衆生見者咸欣慶하니다

최상으로 제일가는 지혜를 성취하고
한량없고 끝없는 지혜를 구족하여

모든 사부대중에게 두려운 바가 없으시니
이 방편 지혜를 가진 이가 행하시는 바 도입니다.

일체 세계와 그리고 모든 법에
다 능히 두루 들어가 자재함을 얻으며
또한 일체 대중이 모인 가운데 들어가
군생을 제도하여 해탈케 하기를 수없이 하셨습니다.

시방의 일체 국토 가운데
큰 법고를 쳐 군생을 깨우치되
법시의 주인이 되어 최고로 더 이상 없으시니
이 사라지지 않는 이가 행하시는 바 도입니다.

한 몸이 결가부좌하고 바로 앉아
시방의 한량없는 국토에 충만케 하지만
그 몸으로 하여금 급박하거나 비좁지 않게 하시니
이 법신을 가진 이가 행하시는 바 도입니다.

능히 한 뜻과 한 문장 가운데
한량도 없고 끝도 없는 법을 연설하지만
그 끝을 가히 얻을 수 없이 하시니
이 끝없는 지혜를 가진 이가 행하시는 바 도입니다.

부처님의 해탈을 잘 닦아 배우고
부처님의 지혜를 얻어 장애가 없으며
두려움이 없음을 성취하여 세상에 영웅이 되시니
이 방편을 가진 이가 행하시는 바 도입니다.

시방세계의 바다를 요달하여 알며
또한 일체 부처님 세계의 바다를 알며
지혜의 바다와 불법의 바다를 다 요달하여 아시니
중생이 보는 이가 다 기뻐하고 경사합니다.

經

或現入胎及初生하며 或現道場成正覺하야
如是皆令世間見하시니 此無邊者所行道니이다

無量億數國土中에 示現其身入涅槃이나
實不捨願歸寂滅하시니 此雄論者所行道니이다

堅固微密一妙身이 與佛平等無差別이나
隨諸衆生各異見하나니 一實身者所行道니이다

法界平等無差別하며 具足無量無邊義나
樂觀一相心不移하시니 三世智者所行道니이다

於諸衆生及佛法에 建立加持悉究竟하사
所有持力同於佛하시니 最上持者行斯道니이다

神足無礙猶如佛하며 天眼無礙最淸淨하며
耳根無礙善聽聞하시니 此無礙意所行道니이다

所有神通皆具足하며 隨其智慧悉成就하사
善知一切靡所儔하시니 此賢智者所行道니이다

혹 태중에 들어가고 그리고 처음 태어남을 시현하며
혹 도량에서 정각을 이루는 것을 시현하여

이와 같이 다 세간으로 하여금 보게 하시니
이 끝없는 이가 행하시는 바 도입니다.

한량없는 억수 국토 가운데
그 몸이 열반에 들어감을 시현하지만
진실로 서원을 버리고 열반에 돌아가길 원치 않으시니
이 영웅의 논리를 가진 이가 행하시는 바 도입니다.

견고하고 미묘하고 비밀한 하나의 묘한 몸이
부처님으로 더불어 평등하여 차별이 없지만
모든 중생을 따라 각각 달리 보나니
하나의 진실한 몸을 가진 이가 행하시는 바 도입니다.

법계가 평등하여 차별이 없으며
한량도 없고 끝도 없는 뜻을 구족하였지만
한 모습도 마음에서 옮기지 않는 줄 즐겁게 관찰하시니
삼세의 지혜를 가진 이가 행하시는 바 도입니다.

저 모든 중생과 그리고 불법에
건립하고 가피하여 섭지하는 것을 다 구경까지 하여
소유한 가피지력이 부처님과 같으시니
최상으로 섭지하는 이가 이 도를 행하십니다.

신족통이 걸림이 없어서 오히려 부처님과 같으며
천안통이 걸림이 없어서 최고로 청정하며
이근통이 걸림이 없어서 잘도 들으시니
이 걸림 없는 뜻을 가진 이가 행하시는 바 도입니다.

있는 바 신통을 다 구족하며
그 지혜를 따라 다 성취하여
일체를 잘도 아는 것이 짝할 바가 없으시니
이 어질고 지혜로운 이가 행하시는 바 도입니다.

經

其心正定不搖動하며　其智廣大無邊際하야
所有境界皆明達하시니 一切見者所行道니이다

已到一切功德岸하야　能隨次第度衆生이나
其心畢竟無厭足하시니 此常勤者所行道니이다

三世所有諸佛法의　於此一切咸知見
從於如來種性生하시니 彼諸佛子行斯道하시니다

隨順言辭已成就하고　乖違談論善摧伏하사
常能趣向佛菩提하시니 無邊慧者所行道니이다

그 마음이 바른 삼매에 들어 동요하지 아니하며
그 지혜가 광대하여 끝이 없어서
있는 바 경계를 다 밝게 통달하시니
일체를 보는 이가 행하시는 바 도입니다.

이미 공덕의 언덕에 이르러
능히 차례를 따라 중생을 제도하지만
그 마음은 필경에 싫어하거나 만족함이 없으시니
이 항상 부지런한 이가 행하시는 바 도입니다.

삼세에 있는 바 모든 불법의
이 일체가 다
여래의 종성으로 좇아 생기하는 줄 알고 보시니
저 모든 부처님의 제자가 이 도를 행하십니다.

따르는 말을 이미 성취하고
어기는 담론을 잘 최복하여
항상 능히 부처님의 보리에 나아가시니
끝없는 지혜를 가진 이가 행하시는 바 도입니다.

疏

五에 成就下十八偈는 頌學三世諸佛의 眞實語니 得佛十力等은 如文思之니라

다섯 번째 최상으로 제일가는 지혜를 성취한다고 한 아래에 열여덟 게송은 삼세에 모든 부처님의 진실한 말을 배운다고[376] 한 것을 읊은 것이니,
부처님의 십력을 얻었다고[377] 한 등을 읊은 것은 경문과 같이 생각할 것이다.

---

376 원문에 학삼세제불學三世諸佛 운운은 영인본 화엄 6책, p.742, 2행이다.
377 원문에 득불십력得佛十力은 영인본 화엄 6책, p.748, 8행에 있다.

鈔

頌得佛十力等은 如文思之者는 一偈는 頌得佛十力이요 次一은 超頌轉法輪이요 次二는 頌無礙解脫이요 次一偈半은 頌智慧解脫이요 後半偈는 却頌雄猛無畏요 次一偈는 頌了知世間境界니 智海法海는 卽智正覺世間이라 次或現已下에 四偈는 絶生死迴流니 初二偈는 八相이니 明絶生死故로 方能現生이요 次一偈는 非生死身라사 方能現身이요 次一偈는 頌入智慧大海니 樂觀不移가 是入義故라 次於諸下에 三偈는 頌護持正法이니 初偈는 神力加持요 後二는 六通護持니 其無礙意는 卽他心通이요 神通具足은 兼宿命漏盡이라 次其心正定下에 四偈는 頌到實相源底니 餘並可知라

부처님의 십력을 얻었다고 한 등을 읊은 것은, 경문과 같이 생각할 것이라고 한 것은 처음에 한 게송은 부처님의 십력[378]을 얻는다고 한 것을 읊은 것이요

다음에 한 게송은 법륜을 전한다고 한 것[379]을 뛰어넘어 읊은 것이요

다음에 두 게송은 걸림 없는 해탈을 성취한다고 한 것을[380] 읊은 것이요

다음에 한 게송 반은 지혜의 해탈을 얻는다고 한 것을[381] 읊은 것이요

---

378 원문에 加는 力 자가 좋다. 영인본 화엄 6책, p.748, 8행, 第一句이다.

379 원문에 전법륜轉法輪은 第四句이니 초송超頌이다.

380 걸림 없는 운운은 영인본 화엄 6책, p.748, 8행이다.

381 지혜의 해탈 운운은 영인본 화엄 6책, p.748, 말행末行이니 이 智慧解脫도

뒤에 반 게송은 영웅으로 용맹하여 두려워하는 바가 없음을 얻는다고 한 것을[382] 돌이켜 읊은 것이요

다음에 한 게송은 세간의 경계를 요달하여 안다고 한 것을[383] 읊은 것이니,

게송에 지혜의 바다와 불법의 바다라고 한 것은 곧 지정각세간이다.

혹 태중에 들어가고 그리고 처음 태어남을 시현한다고 한 이하에 네 게송은 생사에 돌아 유전함을 끊는다고 한 것을[384] 읊은 것이니

처음에 두 게송은 팔상성도八相成道이니,

생사를 끊은 까닭으로 바야흐로 능히 태어남을 시현하는 것을 밝힌 것이요

다음에 한 게송은 생사의 몸이 아니라야 바야흐로 능히 몸을 시현하는 것을 밝힌 것이요

다음에 한 게송은 지혜의 큰 바다에 들어간다고 한 것을[385] 읊은 것이니

한 모습도 옮기지 않는 줄 즐겁게 관찰하는 것이 이것이 들어간다는 뜻인 까닭이다.

超頌이다.

382 원문에 웅맹무외雄猛無畏는 영인본 화엄 6책, p.748, 9행의 第三句이고 바로 앞에 得智慧解脫은 第五句이기에 却頌이다.

383 세간의 경계 운운은 영인본 화엄 6책, p.748, 말행이다.

384 생사에 운운은 영인본 화엄 6책, p.748, 말행이다.

385 지혜의 운운은 영인본 화엄 6책, p.748, 말행이다.

다음에 저 모든 중생이라고 한 아래에 세 게송은 부처님의 정법을
보호하여 가진다고 한 것을 읊은 것이니
처음 게송은 신통력으로 가피하여 호지하는 것이요
뒤에 두 게송은 육신통으로 호지하는 것이니,
그 걸림이 없는 뜻[386]이라고 한 것은 곧 타심통이요
신통을 구족했다[387]고 한 것은 숙명통과 누진통을 겸하였다.
다음에 그 마음이 바른 삼매에 들었다고 한 아래에 네 게송은 실상의
근원 밑까지 이른다고 한 것을 읊은 것이니,
나머지는 모두 가히 알 수가 있을 것이다.

---

386 원문에 기무애의其無礙意라고 한 것은 三偈 가운데 初偈이다.

387 원문에 신통구족神通具足이라고 한 것은 三偈 가운데 後二偈이다.

經

一光照觸無涯限하야　十方國土悉充遍하야
普使世間得大明하시니 此破闇者所行道니이다

隨其應見應供養하야　爲現如來淸淨身하사
敎化衆生百千億하시니 莊嚴佛刹亦如是하시니다

한 광명이 비치어 닿는 곳이 끝도 한도 없어서
시방의 국토에 다 충만하고 두루하여
널리 세간으로 하여금 큰 광명을 얻게 하시니
이 어둠을 깨뜨린 이가 행하시는 바 도입니다.

그들이 응당 보고 응당 공양함을 따라
여래의 청정한 몸을 나타내어
중생 백천억을 교화하시니
부처님의 세계를 장엄하는 것도 또한 이와 같이 하십니다.

疏

六에 一光下二頌은 頌益物不空이라

여섯 번째 한 광명이라고 한 아래에 두 게송은 중생을 이익케 하여 헛되이 지나지 아니함[388]을 읊은 것이다.

388 원문에 익물불공益物不空이라고 한 것은 영인본 화엄 6책, p.751, 2행에 결행성익結行成益이다.

經

爲令衆生出世間하야 一切妙行皆修習하시니
此行廣大無邊際거니 云何而有能知者리요

假使分身不可說하야 而與法界虛空等하야
悉共稱揚彼功德이라도 百千萬劫無能盡하니다

菩薩功德無有邊하고 一切修行皆具足하니
假使無量無邊佛이 於無量劫說不盡거든

何況世間天及人과 一切聲聞及緣覺이
能於無量無邊劫에 讚歎稱揚得究竟이리요

중생으로 하여금 세간을 벗어나
일체 묘한 행을 다 닦아 익히게 하시니
이 행이 넓고도 커서 끝이 없거니
어떻게 능히 아는 이가 있겠습니까.

가사 분신分身을 가히 말할 수 없이 하여
법계와 허공계로 더불어 동등하게 하여
다 함께 저 공덕을 칭양할지라도
백천만억 세월에 능히 다 칭양할 수 없습니다.

보살은 공덕이 끝이 없고
일체 수행을 다 구족하였으니
가사 한량도 없고 끝도 없는 부처님이
한량없는 세월에 설할지라도 다 설할 수 없거든

어찌 하물며 세간에 하늘과 그리고 사람과
일체 성문과 그리고 연각이
능히 한량도 없고 끝도 없는 세월에
찬탄하고 칭양하여 구경에 다함을 얻겠습니까.

疏

第三大段에 四偈는 結歎深廣이니 文顯可知라

제 세 번째 대단大段에 네 게송은 깊고도 넓은 것을 맺어서 찬탄한 것이니,
문장에 나타난 것은 가히 알 수가 있을 것이다.

청량 징관(淸涼 澄觀, 738~839)

중국 화엄종의 제4조.

절강성浙江省 월주越州 산음山陰 사람으로, 속성은 하후夏侯, 자는 대휴大休, 탑호는 묘각妙覺이다.

11세에 출가하여 계율, 삼론, 화엄, 천태, 선 등을 비롯, 내외전을 두루 수학하였다. 40세(777년) 이후 오대산 대화엄사에 머물면서 『화엄경』을 여러 차례 강설하였으며, 이를 토대로 『대방광불화엄경소』 60권, 『대방광불화엄경수소연의초』 90권을 저술하고 강의하였다. 796년에는 반야삼장의 『40권 화엄경』 번역에 참여하였고, 덕종에게 내전에서 화엄의 종지를 펼쳤다. 덕종에게 청량국사淸涼國師, 헌종에게 승통청량국사僧統淸涼國師라는 호를 받는 등 일곱 황제의 국사를 지냈다.

저서로 『화엄경주소華嚴經註疏』, 『화엄경수소연의초華嚴經隨疏演義鈔』, 『화엄경강요華嚴經綱要』, 『화엄경략의華嚴經略義』, 『법계현경法界玄鏡』, 『삼성원융관문三聖圓融觀門』 등 400여 권이 있다.

관허 수진貫虛 守眞

1971년 문성 스님을 은사로 출가, 1974년 수계, 해인사 강원과 금산사 화엄학림을 졸업하고, 운성, 운기 등 당대 강백 열 분에게 10년간 참문수학하였다.

1984년부터 수선안거 10년을 성만하고, 1993년부터 7년간 해인사 강원 강주로 학인들을 지도하였다.

대한불교조계종 교육위원, 역경위원, 교재편찬위원, 중앙종회의원, 범어사 율학승가대학원장 및 율주를 역임하였다.

현재 부산 승학산 해인정사에 주석하면서, 대한불교조계종 고시위원장, 단일계단 계단위원·존증아사리, 동명대학교 석좌교수, 동명대학교 세계선센터 선원장 등의 소임을 맡고 있다.

청량국사화엄경소초 41 - 십행품 ②

초판 1쇄 인쇄 2023년 7월 10일 | 초판 1쇄 발행 2023년 7월 24일
청량 징관 찬술 | 관허 수진 현토역주 | 펴낸이 김시열
펴낸곳 도서출판 운주사
(02832) 서울시 성북구 동소문로 67-1 성심빌딩 3층
전화 (02) 926-8361 | 팩스 0505-115-8361
ISBN 978-89-5746-749-7 94220
ISBN 978-89-5746-592-9 (총서) 값 23,000원
http://cafe.daum.net/unjubooks 〈다음카페: 도서출판 운주사〉